即問即答で サクサク 覚える
必修基礎英語

Easy English Learning Through Pattern Practice

Takako Takamoto

Miyo Notomi

Frank Bailey

Haruhiko Tamiya

KAIBUNSHA LTD
TOKYO

音声ダウンロード(無料)は

http://www.kaibunsha.co.jp/download/19163 （リリースは2019年4月）

音声は上記URLから無料でダウンロードできます。自習用としてご活用ください。

■ URLは検索ボックスではなくアドレスバー（URL表示枠）に入力してください。

■ ＰＣからのダウンロードをお勧めします。スマートフォンなどでおこないますと、3G回線環境ではダウンロードできない場合があります。

はじめに

　英語は覚えることが多いので好きではないという学生さんを多く見かけます。特に英作文がきらいだという学生さんは、つづりを覚えるのが苦痛なのでしょう。それなら、**つづりを気にせずに口頭でいろいろな英文を作るのであれば、もっと自由に、気軽に英文を作ろうという気持ちになれるのではないか**。そういう思いから本書は生まれました。

　著者のひとりである高本は、カーラジオで『まいにちハングル講座』を聞いて、少しずつハングル語を覚えていますが、テキストを見ずにただ聞いているだけなので、書くことはほとんどできません。しかし、毎日運転をしながらラジオに合わせて楽しく発音練習をしています。皆さんにも同じようなやり方でまずは楽しく発音練習をしていただき、十分口になじませたところで書く練習に取りかかっていただければと思います。なお、本書はアメリカ英語を基準としています。

　次のステップで学習を進めましょう。
① 　いろいろな英文を頭の中で作り、それを発音してみます。
② 　クラスメートと問題を出し合い、会話練習をします。先生にも問題を出してもらいましょう。
③ 　口頭で作った英文を実際に書いてみます。
④ 　ネイティブ・スピーカーの著者が書いた会話を聞き取り、発音練習をします。

　覚える英単語も、日常生活になじみのある単語ばかりです。また、覚えるべき文法事項も、日常会話をする上で最低限必要だと思われるものに絞り込みました。本書を使ってみなさんが無理なく自然に英語力を伸ばしてくれることを願っています。

　最後になりましたが、本書の作成にあたっては開文社出版社長の安居洋一氏にたいへんお世話になりました。また、鈴木文生氏にはたくさんのイラストを描いていただきました。この場を借りてお礼申し上げます。

平成 30 年 10 月
著者一同

目　次

基本的な文法事項 ……………………………………………………… 1

Unit 1　ワクワクしています！
【感情を表す言葉、イコールの働きをする be 動詞】 …………… 4

Unit 2　メガネはどこにやったっけ？
【場所を表す言葉、〈存在〉を表す be 動詞】 …………………… 10

Unit 3　毎日ネットサーフィンをします
【時を表す言葉、一般動詞の現在形（1 人称・2 人称）】 ……… 16

Unit 4　お昼は学食で食べます
【学校生活に関する言葉、一般動詞の現在形（3 人称単数）】 … 22

Unit 5　ゴールデンウィークはどこに行きましたか？
【旅行や娯楽に関する言葉、一般動詞の過去形】 ……………… 28

Unit 6　コンビニでアルバイトをしています
【店を表す言葉、現在進行形】 …………………………………… 34

Unit 7　銀行でお金をおろしたばかりです
【買い物や店に関する言葉、現在完了形（完了を表す）】 …… 40

Unit 8　納豆を食べたことがありますか？
【食べ物や料理に関する言葉、現在完了形（経験を表す）】 … 46

Unit 9　昨夜から雨が激しく降っています
【天候を表す言葉、現在完了形（継続を表す）・現在完了進行形】 … 52

Unit10　公務員になるつもりです
【進路や職業に関する言葉、予定や希望を表す言葉、理由を表す従属節】 … 58

Unit11　今日は残業しなくてはいけません
【仕事や会社に関する言葉、義務や目的を表す言葉】 ………… 64

Unit12　容疑者が逮捕されたことをご存じですか？
【ニュースや犯罪に関する言葉、受動態】 ……………………… 70

Unit13　昨年アカデミー賞をとった映画は何ですか？
【娯楽・マスコミに関する言葉、関係詞】 ……………………… 76

Unit14　田中がホームランを打ったかどうか教えてください
【スポーツに関する言葉、比較、間接疑問文】 ………………… 82

Key Vocabulary 解答 …………………………………………………… 88

不規則動詞の活用　一覧表 …………………………………………… 91

基本的な文法事項

Unit 1 に入る前に、基礎的な文法事項を確認しておきましょう。

1. 品詞

単語を〈語形〉、〈はたらき〉、〈意味〉などによって分類したもの。単語がもともと持っている性質。多くの場合、1 つの単語が 2 つ以上の品詞を持っています。下の語群から選んで、表に書き入れましょう。英和辞典で確認しましょう。

品詞	説明	単語の例
	人や事物の名前や概念を表す。	desk, (　　　　)
	人や事物の性質を表す語。名詞の前に置かれたり、**補語**として機能する。	happy, (　　　　), (　　　　), (　　　　)
	人や事物の動作、状態を表す語。目的語を取るものと取らないものとがある。	write, (　　　　), (　　　　), (　　　　), (　　　　)
	語と語、＊句と句、＊節と節を結びつける。	because, (　　　　)
	名詞の前に置かれ、語や語句を修飾する。日本語の「てにをは」に相当する。	with, (　　　　), (　　　　), (　　　　)
	名詞以外のいろいろな語（句）や節を修飾する。	hardly, (　　　　), (　　　　), (　　　　)
	名詞の前に置き、**名詞**の意味をある程度限定する。	a, an, the のみ
	人に呼びかけたり、感動を表すために用いる。	hello, (　　　　)

語群： 名詞・形容詞・動詞・副詞・前置詞・接続詞・冠詞・間投詞

単語の例： water, rich, operate, fortunately, and, round, at, on, during, oh, early, lose

＊句と節については 3 ページで解説します。

1

2. 文の要素

単語を、文における役割によって分類したもの。よって、文がないところには《文の要素》は存在し得ません。表の左端に**主語・述語・目的語・補語**を書き入れましょう。

文の要素	説明	対応する品詞
	原則として文頭に来る。「〜は」「〜が」の意味を持つ。	名詞
	「〜する」、「〜した」などの意味を持つ。	動詞
	他動詞の後に置かれ、「〜を」「〜に」の意味を持つ。	名詞
	be-動詞などの後ろに置かれ、文を成り立たせるために必要な語。主語や目的語の意味を補う。	名詞、形容詞

3. 品詞と文の要素の対応

簡単な英文の構造を見てみましょう。

	I	have	a sister.
文の要素	主語 (S)	述語 (V)	目的語 (O)
品詞	名詞	動詞	名詞

	I	am	happy.
文の要素	主語 (S)	述語 (V)	補語 (C)
品詞	名詞	動詞	形容詞

※ **述語**は常に**動詞**である。また、SVOC の V は verb（動詞）を指す。ゆえに文法の解説においては普通、「主語＋述語」ではなく、「**主語＋動詞**」または「**主語＋述語動詞**」と記載する。

※ **副詞**は修飾語であり、**文の要素**（S, V, O, C）になることはない。

知っておきましょう！

◆ **動詞**には**他動詞**と**自動詞**があります。

目的語も**補語**も伴わない	⇒	**自動詞（完全自動詞）**

　　　　　　　　　　　　　　例）He studied.　　　　　　　　（SV＝第１文型）

　　補語を伴う　　　　　　　⇒　**自動詞（不完全自動詞）**

　　　　　　　　　　　　　　例）I am a student.　　　　　　（SVC＝第２文型）

　　目的語を伴う　　　　　　⇒　**他動詞（完全他動詞）**

　　　　　　　　　　　　　　例）I know him.　　　　　　　（SVO＝第３文型）

　　目的語を２つ伴う　　　　⇒　**他動詞（授与動詞）**

　　　　　　　　　　　　　　例）I gave him some money.　（SVOO＝第４文型）

　　目的語と**補語**を伴う　　⇒　**他動詞（不完全他動詞）**

　　　　　　　　　　　　　　例）I call him Ken.　　　　　（SVOC＝第５文型）

　　※ 他動詞と自動詞の両方になり得る動詞もたくさんある。

　　　例）He studied English.　の場合、studied は他動詞

◆ **句**とは複数の単語で１つのまとまった意味を表すものです。

　　例）I have a portable umbrella in my bag.

　　　　私はバッグの中に折り畳み傘を持っている。

　　　　※ in my bag

　　　　　＝ **副詞句**（**動詞**の have を修飾し、**副詞**の働きをしているから）

　　　　　＝ **前置詞句**（前置詞を使っているから）

◆ **節**は**文**の中にあって、**主語**と**述語動詞**を含むものです。

　　例）Though I was tired, I studied until midnight.　疲れていたが、真夜中まで勉強した。

　　　　　※ though I was tired

　　　　　　＝ **副詞節**（I studied until midnight という**節**を修飾し、**副詞**の働きをしているから）

　　　　　　＝ **従属節（従位節）**（従属接続詞 though に導かれているから）

　　例）I know (that) he is honest.　彼が正直だと知っている。

　　　　　※ (that) he is honest

　　　　　　＝ **名詞節**（know という**他動詞**の**目的語**となり、**名詞**の働きをしているから）

　　　　　　＝ **従属節（従位節）**（従属接続詞 that に導かれているから）

　　　　　　　　　　　　　　　　　　　（that は省略されることが多い）

基本的な文法事項　3

Unit 1
ワクワクしています！

感情を表す言葉、イコールの働きをするbe動詞

Key Vocabulary 🎧 2

音声を聞いて、1〜10の英訳をそれぞれ（A）〜（J）の中から選び、（　）に書き入れましょう。88ページの解答を確認したら、くり返し発音練習をして暗記してください。暗記ができたら、ペアを組んで問題を出し合いましょう。

※以下のUnitについても、本Unitと同じ要領で学習を進めましょう。

1. ワクワクしています。　　　（　　　　）
2. ソワソワしています。　　　（　　　　）
3. 退屈しています。　　　　　（　　　　）
4. ガッカリしています。　　　（　　　　）
5. 緊張しています。　　　　　（　　　　）
6. 怒っています。　　　　　　（　　　　）
7. 落ち込んでいます。　　　　（　　　　）
8. 心配しています。　　　　　（　　　　）
9. 驚いています。　　　　　　（　　　　）
10. 嬉しいです。　　　　　　　（　　　　）

気持ちを表す文を作ってみよう！

　いろいろな感情を表す文を作ってみましょう。ふつう、「**be 動詞＋感情を表す形容詞**」の形をとります。

　　例）　I'm（＝I am）excited.　ワクワクしています。

　　　　I am excited

　　「私」＝「ワクワクしている」（**be 動詞**はイコールの働きをする）（excited は**補語**）

　「**be 動詞＋形容詞**」は感情のほかにもいろいろな状態を表すのに使われます。

◆主語の人称と be 動詞の現在形・過去形

主語になる語	現在形	過去形
I	am	was
we / you / they / 複数形の名詞	are	were
he / she / it / 単数形の名詞	is	was

◆**肯定文**　「〜です」　例）I'm (=I am) happy. / You [We] are happy. / He [She] is happy.

◆**疑問文**　「〜ですか」　**be 動詞**を主語の前に置く　例）Is he happy?

◆**否定文**　「〜ではありません」　**be 動詞**に not をつける　例）He isn't (=is not) happy.

Let's warm up! 🎧3

　次の文を口頭で英訳しましょう。音声を聞いて答えを確認しましょう。次のページに正解文があります。（以下の Unit も同様）

1．彼は緊張していました。

2．あなたは退屈していますか。

3．私たちは驚いてはいませんでした。

Unit 1　　5

Let's try! 1

例文の ☐ の中の語句を入れかえて、口頭でいろいろな文を作ってみましょう。ペアを組んで問題を出し合いましょう。

肯定文 | 彼 |は| 緊張して | いました |。 　　| He | was | nervous |.

【短縮形】

I am ⇒ I'm

we [you / they] are ⇒ we're / you're / they're

he [she / it] is ⇒ he's / she's / it's

Let's try! 2

例文の ☐ の中の語句を入れかえて、口頭でいろいろな文を作ってみましょう。ペアを組んで問題を出し合いましょう。そして相手の質問に答えてみましょう。

疑問文 | あなた |は| 退屈して | いますか |。 　　| Are | you | bored |?

否定文 | 私たち |は| 驚いては | いませんでした |。 | We | weren't | surprised |.

【否定形の短縮形】

◆現在形

I am not ⇒ I'm not

we [you / they] are not ⇒ we [you / they] aren't または we're [you're / they're] not

he [she / it] is not ⇒ he [she / it] isn't または he's [she's / it's] not

※ not を単独で発音する方が否定の意味が強まる。

◆過去形

I was not ⇒ I wasn't

we [you / they] were not ⇒ we [you / they] weren't

he [she / it] was not ⇒ he [she / it] wasn't

Let's try! 3

次のセリフを暗記して、ペアで会話をしてみましょう。また、言葉を適当にアレンジして自由に楽しみましょう！

A: Are you bored now?
B: Pardon?
A: Are you bored now?
B: Yes, I am. または No, I'm not.
A: Why? または Why not?
B: Because the lecture is boring. または Because the lecture is interesting.
A: I'm sorry to hear that…. または I'm happy to hear that!
B: How about yourself?
A: I'm bored, too. または I'm not bored, either.

※ 感情を表す言葉のあとに「**to** ＋動詞の原形」(**to-** 不定詞)をつけると、「～したので」、「～してという、〈理由〉や〈原因〉を表します。(**to-** 不定詞の副詞用法＝ am (happy) を修飾する**副詞**の働きをする **to-** 不定詞)

会話の決まり文句 ①

会話で役立つ決まり文句を少しずつ覚えていきましょう！

Pardon?　　　　　　もう一度言ってもらえますか。
Let me [Let's] see….　ええと、そうですね (考える時間が必要なときに使う)
How about you?　　あなたはいかがですか。

✦✦ プラスワンポイント 「～に見える」(look) ✦✦

「彼は～だ」と断定するときには He is ~. で表すことができますが、「彼は～に見える」と言いたいときには、look や seem を用いましょう。

例) He looks [seems] healthy. 彼は健康そうに見える。(実際はわからないが)

look や seem も **be** 動詞と同じく、「＝（イコール）」の働きをし、**主語**と**補語**をつなげます。

Unit 1

Writing Practice

次の日本語を表す英文を書きましょう。（　　）の語や語句を使ってください。ただし、動詞については必要に応じて変化させてください。名詞については、必要に応じて複数形に変えたりしてください。以下の Unit も同様です。

1. 私は今とても怒っています。（very）

2. 彼らはその講義に退屈していました。（lecture）

3. 私たちは緊張していません。

4. 彼女は自分の健康のことを心配していました。（her health）

5. 私は少しも落ち込んではいません。（not ~ at all）

6. その子どもたちは遠足の前日にソワソワしていましたか。（the day before the school excursion）

7. がっかりしないでください。（please don't ＋動詞の原形）

8. あなたはその知らせを聞いて驚きましたか。（the news）

☝ **英訳のヒント①　前置詞の選び方**

「その講義に」、「試験のことを」を訳す場合に、「に」や「のことを」どう訳せばいいのかわからないときには、bored や worried を英和辞典で引き、その例文を確認しましょう。英和辞典の例文にない場合には連語辞典（研究社の『英和活用大辞典』や Oxford 社の *Oxford Collocations Dictionary for students of English* など）を使うとよいでしょう。

Listening Practice 🎧 5

音声を聞いて、(　　) に入れるべき語または語句を (A) ～ (K) から選びましょう。そして、日本語に訳しましょう。

Jason: Hey Emily, are you okay? You $^1($　　　　　) nervous during class.
We were a little worried.

Emily: I'm okay. Well, I'm worried about the $^2($　　　　　) tomorrow.

Jason: I'm surprised to hear that! I $^3($　　　　　) you were excited about singing with the jazz club. You've been practicing with them for a long time.

Emily: I know, but I'm worried that I'll $^4($　　　　　) the songs or something. They would be so disappointed if I did. And I'd be really depressed.

Jason: Stop worrying. I can $^5($　　　　　) how you might be restless, but you will do $^6($　　　　　)! And all of your friends will be there to watch.

Emily: I know! That's why I'm so nervous!

(A) concert　　(B) fine　　　(C) fun　　　(D) forget　　(E) forgetting
(F) look at　　(G) looked　　(H) taught　　(I) thought　　(J) understand
(K) under store

📖　意味を確認しよう

---

during class ＝ 授業中に
well ＝ そうですね、まあ、ええと(実は) (間投詞)
be worried (that- 節) ＝ (～が…することを) 心配している (49 ページのプラスワンポイントで解説)
worry ＝ 心配する (自動詞)
　　※ 自動詞 worry は「心配するな」の意味の文や「いつも心配している」の意味の文で使われる。
you've been practicing ＝ ずっと練習してきた (53 ページで解説)
They would be…, I'd be… ⇒ would は仮定法過去 (現在の事実の反対の仮定や未来についての可能性の乏しいことについての想像を表す) (85 ページのプラスワンポイントで解説)
to watch ＝ 見るために (be there を修飾する副詞用法の to- 不定詞)
that's (the reason) why ~ ＝ それが～の理由だ (＝そういうわけで～)

Unit 1

Unit 2
メガネはどこにやったっけ？

場所を表す言葉、〈存在〉を表す be 動詞

Key Vocabulary 6

音声を聞いて、1～10の英訳をそれぞれ (A) ～ (J) の中から選び、(　　) に書き入れましょう。その後で 88 ページの解答を確認しましょう。

1. シャーペン　　　　　　　(　　　　)
2. ボールペン　　　　　　　(　　　　)
3. ホッチキス　　　　　　　(　　　　)
4. ビニール袋　　　　　　　(　　　　)
5. 輪ゴム　　　　　　　　　(　　　　)
6. はさみ　　　　　　　　　(　　　　)
7. 糊　　　　　　　　　　　(　　　　)
8. 消しゴム　　　　　　　　(　　　　)
9. 爪切り　　　　　　　　　(　　　　)
10. 定期券　　　　　　　　　(　　　　)

> | 場所を表す文を作ってみよう！ |
>
> **be 動詞**は「〜は…にある（あった）」、「…に〜がある（あった）」など、〈存在〉を表す文にも使います。**補語**を伴わず、**be 動詞**だけで意味を成します。

◆「〜は…にある」 主語＋**be** 動詞＋（前置詞 (in, on など)＋場所を表す言葉）
　　例）My stapler <u>is</u> on the desk.　私のホッチキスは机の上にあります。

◆「…に〜がある」 There ＋ **be** 動詞＋（前置詞 (in, on など)＋場所を表す言葉）
　　例）<u>There was</u> an eraser under the table.　テーブルの下に消しゴムがありました。

◆「〜はどこにありますか」 Where ＋ **be** 動詞＋主語…？
　　例）<u>Where are</u> your scissors?　あなたのはさみはどこにありますか。

Let's warm up! 🎧 7

次の文を口頭で英訳しましょう。音声を聞いて答えを確認しましょう。

1. そのシャーペンは筆箱の中にあります。(in the pen case)
2. 机の上に定期券がありました。
3. あなたのホッチキスは引き出しの中にありますか。(in the drawer)

Unit 2

Let's try! 1

例文の □□□ の中の語句を入れかえて、口頭でいろいろな文を作ってみましょう。ペアを組んで問題を出し合いましょう。

肯定文　その シャーペン は 筆箱 の 中 に あります 。

The mechanical pencil is in the pen case .

机 の 上 に 定期券 が ありました 。

There was a commuter pass on the desk .

【家具・場所を表す言葉】

本棚　a bookshelf　　　　　　一番上（下）の棚　the top [bottom] shelf

引出たんす　a chest of drawers　　飾り棚、陳列棚　a cabinet

鏡台　a dressing table　　　　　～の横に　beside

上から2番目の引き出し　the second drawer from the top

Let's try! 2

例文の □□□ の中の語句を入れかえて、口頭でいろいろな文を作ってみましょう。ペアを組んで問題を出し合いましょう。

肯定文　あなた の ホッチキス は 引き出し の 中 に あります か。

Is your stapler in the drawer ?

否定文　彼 の ボールペン は ベッド の 下 には ありません でした。

His ballpoint pen was 'nt under the bed .

【所有格の言葉】

私の　my　　　　　あなたの　your　　　　彼の　his

彼女の　her　　　　私たちの　our　　　　彼らの（彼女らの）　their

Let's try! 3

次のセリフを暗記して、ペアで会話をしてみましょう。また、言葉を適当にアレンジして自由に会話を楽しみましょう！

A: Where are your scissors?
B: They are in the top drawer of my desk.
A: Will you let me use them? I left mine somewhere and I can't find them.
(let ＋人＋動詞の原形 ＝（人に）〜させてあげる）
B: Sure. Go ahead. (go ahead ＝（遠慮なく）してください）
A: Thanks!

会話の決まり文句 ②

Will [Can] you help me with my homework?
——Sure. / No problem. / I'm afraid I can't.

※ will [can] you ＋動詞の原形〜? ＝ 〜してくれませんか
help 人＋ with 〜 ＝（人）を〜のことで手伝う）

✦✦ プラスワンポイント　冠詞の a と the ✦✦

「定期券は...にある」(The commuter pass is....) という表現の場合は、初めからある特定の定期券を念頭に置いて述べているので、**the** commuter pass というように the を使います。しかし、「...に定期券がある」(There is....) という表現の場合には、定期券の存在を知らない聞き手に初めて定期券のことを知らせるので、the は使いません。

例）There is **a** commuter pass on my desk.

また、「私の机の一番上の引き出し」などというときなど、ふつう「一番上の引き出し」は１つしかないので、自動的に the がつき、**the** top drawer of my desk となります。

このほか、a か the のどちらを使うべきか、その場の状況がわからないと判断がつかない場合も多々あります。冠詞は翻訳者泣かせです。

Unit 2

Writing Practice

（　）の語や語句を参考にして、次の日本語の意味を表す英文を書きましょう。

1. あなたの爪切りはどこにありますか。

2. 私の車の鍵はこのベッドの下にありました。(car key)

3. 彼女のホッチキスはその机の上にあります。

4. 私の札入れは鏡台の一番上の引き出しの中にあります。(wallet)

5. あなたの消しゴムはその筆箱の中にはありませんでした。

6. あなたの定期券はどこにありますか。

7. 彼の折りたたみ傘は上から3番目の棚にありましたか。(portable umbrella)

8. そのくずかごは本棚の横にありますか。(wastebasket)

　英訳のヒント②　数えられる名詞と数えられない名詞

　名詞を使う場合には、数えられる名詞か数えられない名詞かを確認しましょう。英和辞典で引いたときに、Ⓒとあれば数えられる名詞 (countable noun)、Ⓤとあれば数えられない名詞 (uncountable noun) です。数えられる名詞を使うときには必ず冠詞をつけるか複数形にしましょう。

Listening Practice 🎧9

音声を聞いて、(　) に入れるべき語または語句を (A) ～ (K) から選びましょう。そして、日本語に訳しましょう。

Tom: Mom, what are you looking for?

Mother: I'm looking for my ¹(　　　　　). I usually keep them at my bedside. But they aren't there.

Tom: Well, are you sure you didn't move them? Did you look ²(　　　　) the bed?

Mother: Yes, I did. But they weren't there.

Tom: How about ³(　　　　) your pillow?

Mother: I ⁴(　　　　) around there, too. But they were nowhere to be seen.

Tom: When was the last time you used them?

Mother: Let me see. I ⁵(　　　　) them when I read today's paper, and then I washed my face. OK, I'll take a look in the bathroom. (5 minutes later) Hey, I found them by the wash ⁶(　　　　)!

Tom: Good for you!

(A) and　**(B) base**　**(C) basin**　**(D) beside**　**(E) checked**　**(F) glasses**

(G) grasses　**(H) side**　**(I) use to**　**(J) used**　**(K) under**

📖 意味を確認しよう

---

look for ~ = (　　　　　)

are you sure that- 節 = ～だと確信していますか（that は省略可）（49 ページのプラスワンポイントで解説）

pillow = (　　　　　)（名詞）

nowhere to be seen = どこにも見当たらない（成句）

the last time (when) you used them = 最後にそれを使ったとき（when は関係副詞。77 ページで解説）

today's paper = (　　　　　)

take a look = (　　　　　)（look は名詞）

Good for you. = よかったですね。（成句）

Unit 2　15

Unit 3
毎日ネットサーフィンをします

> 時を表す言葉、一般動詞の現在形（1人称・2人称）

Key Vocabulary 🎧 10

音声を聞いて、1〜10の英訳をそれぞれ (A) 〜 (J) の中から選び、(　　) に書き入れましょう。その後で 88 ページの解答を確認しましょう。

1.　顔（髪）を洗う　　　　　　　　（　　　　）
2.　歯をみがく　　　　　　　　　　（　　　　）
3.　髪をヘアブラシで（くしで）とく（　　　　）
4.　服を着る（脱ぐ）　　　　　　　（　　　　）
5.　花に水をやる　　　　　　　　　（　　　　）
6.　朝食（昼食・夕食）をとる　　　（　　　　）
7.　犬を散歩させる　　　　　　　　（　　　　）
8.　お風呂に入る　　　　　　　　　（　　　　）
9.　テレビを見る　　　　　　　　　（　　　　）
10. ネットサーフィンをする　　　　（　　　　）

「私は〜」の現在形の文を作ってみよう！

「毎日〜する」、「いつも〜する」など、〈現在における習慣や反復的動作〉を表す文を作ってみましょう。**一般動詞の現在形**を使います。

例）I brush my teeth every morning.　私は毎朝歯をみがきます。

◆一般動詞の現在形

主語になる語	一般動詞の現在形
I / we / you / they / 複数形の名詞	動詞の原形
he / she / it / 単数形の名詞	動詞の原形＋(e)s

◆**疑問文**　「あなた（たち）（彼ら、私、私たち）は〜しますか（していますか)」

例）Do you play tennis every day?　あなたは毎日テニスをしていますか。

◆**否定文**　「私（私たち、あなた（たち）、彼ら）は〜しません」

例）I don't play tennis every day.　私は毎日テニスをしているわけではありません。

※ 毎日、いつも」などという言葉を**否定文**に入れると、「毎日（いつも）〜するわけではない」という〈部分否定〉の意味になる。

Let's warm up! 🎧11

次の文を口頭で英訳しましょう。音声を聞いて答えを確認しましょう。

1. 私は毎日お風呂に入ります。

2. あなたは毎朝歯をみがきますか。

3. 私たちは毎晩ネットサーフィンをするわけではありません。(every night)

Unit 3　17

Let's try! 1

例文の ⬚ の中の語句を入れかえて、口頭でいろいろな文を作ってみましょう。主語に I, we, you を使ってください。ペアを組んで問題を出し合いましょう。

肯定文　私 は 毎日 お風呂にはいります 。　　 I | take a bath | every day .

【時を表す言葉】

7時に　at 7　　　　　　　　　11時と12時の間に　between 11 and 12

正午に　at noon　　　　　　　真夜中頃に　around midnight

1日おきに　every other day　　週末に　on weekend(s)

日曜日に　on Sunday(s)

月／火／水／木／金／土曜日　Monday / Tuesday / Wednesday / Thursday / Friday / Saturday

Let's try! 2

例文の ⬚ の中の語句を入れかえて、口頭でいろいろな文を作ってみましょう。主語に I, we, you を使ってください。ペアを組んで問題を出し合いましょう。そして、相手の質問に答えてみましょう。

疑問文　あなた は 毎朝 歯をみがきます か。

Do | you | brush your teeth | every morning ?

否定文　私たち は 毎晩 ネットサーフィンをするわけでは ありません。

We | don't | surf the net | every night .

【時間の長さと回数を表す言葉】

2時間　for 2 hours　　　　　2時間以上　for more than 2 hours

2回　twice　　　　　　　　3回以上　3 times or more

※ more than 3 times は厳密には「3回」を含めない。

Let's try! 3 🎧 12

次のセリフを暗記して、ペアで会話をしてみましょう。また、言葉を適当にアレンジして自由に会話を楽しみましょう！

A: Do you wash your hair every night?

B: Yes, I do. または No, I don't. I wash my hair every other day.
　　How about you?

A: I wash my hair every night, I mean, every morning, before going to school. （before ~ing ＝ ～する前に）

B: What time do you get up every morning?

A: Around 6.

B: Wow, you are an early bird. I get up at 7. （an early bird ＝早起きの人）

会話の決まり文句 ③

I mean 「つまり」、「いや」（言いまちがえたときの訂正や補足）

例）I get up at 8 every morning, I mean, 8:30.

◆◆ プラスワンポイント 「～しています」の表し方 ◆◆

　日本語の「～しています」は３つの形で表すことができるので、どれを使うべきかを考えましょう。

① 「（いまこの瞬間）テニスをしています」

　　　例）I'm playing tennis. （現在進行形）（35ページで解説）

② 「３時間ずっとテニスをしています」（過去のある時点に始め、それからずっと）

　　　例）I've been playing tennis for 3 hours. （現在完了進行形）

（53ページで解説）

③ 「毎日テニスをしています」（過去のどの時点からかを明示せず、ばくぜんと過去から未来にかけて）

　　　例）I play tennis every day. （現在形）

　　　　　※ 動詞によっては現在進行形でも③の意味を表すことができる。ただし、一時的であることに限る。

　　　　　例）I'm working part-time.（そのうちやめるかもしれない）

Unit 3

Writing Practice

（　　　）の語や語句を参考にして、次の日本語の意味を表す英文を書きましょう。

1. 私は毎朝猫にエサをやります。

   ....

2. 私は 7 時に朝食を食べます。

   ....

3. 私は毎日夕食の後に犬を散歩させます。

   ....

4. 私は 11 時頃に寝ます。

   ....

5. あなたは毎晩お風呂に入りますか。

   ....

6. あなたは 1 日に 2 時間以上テレビを見ますか。

   ....

7. あなたは 1 日に 3 回以上歯をみがきますか。

   ....

8. あなたは日曜日には遅く起きますか。（late）

   ....

🔔 英訳のヒント③　副詞の位置

　8. の late は副詞として用いるので、単独で使い、前に前置詞などは置きません。副詞の位置は原則的に自由ですが、おおむね次のようなルールにしたがいます。ただし、〈頻度〉を表す副詞の位置は異なります（次の Unit で解説します）。

- 形容詞を修飾する場合 ⇒ 修飾する語の前
- 動詞を修飾する場合 ⇒「動詞（＋目的語）＋副詞」
  「助動詞＋副詞＋本動詞」（完了形の have / has / had は助動詞とみなします）
- 文全体を修飾する場合 ⇒ 文頭

Listening Practice 🎧 13

音声を聞いて、（　　）に入れるべき語または語句を (A)〜(K) から選びましょう。そして、日本語に訳しましょう。

（電話で）

Dan:　　Hey Judy, I overslept, so I might be a little late getting to the bus ¹(　　　　　　　).

Judy:　　Really? It's ²(　　　　　　) 7:30. We'll be late for school!

Dan:　　Don't worry! I just have to wash my face and brush my teeth.

Judy:　　What about breakfast?

Dan:　　I won't eat. I know it's not ³(　　　　　　), but I skip breakfast a couple of times a week.

Judy:　　You oversleep ⁴(　　　　　　) every day! Why don't you go to bed earlier?

Dan:　　I have too much to do in the evening. I have to walk the dog, eat dinner, take a bath and do my homework. I don't even have time to watch TV.

Judy:　　But you were emailing me around ⁵(　　　　　　) last night!

Dan:　　Well yeah, I surfed the web a bit and listened to some music.

Judy:　　So when did you go to bed?

Dan:　　Hmmm, ⁶(　　　　　) between 2 and 3 a.m.

(A) almost　**(B)** already　**(C)** all right　**(D)** healthy　**(E)** midnight
(F) ready　**(G)** sometime　**(H)** sometimes　**(I)** stop　**(J)** top　**(K)** wealthy

---

📖　意味を確認しよう

---

overslept ＜ oversleep ＝ 寝坊する
might ＋動詞の原形 ＝ （ひょっとしたら）〜かもしれない（might ＝ 助動詞 may の過去形）
be late ~ing ＝ 〜するのが遅くなる
just ＝ 〜だけ（副詞）（43 ページのプラスワンポイントで解説）
have to ~ ＝ 〜しなければならない（65 ページで解説）
I know that- 節 (that は省略可) ＝ 〜ということを知っている（接続詞 that に導かれる節は know の目的語となる名詞節）
a couple of ~ ＝ （　　　　　　）（成句）
why don't you ＋動詞の原形？＝ 〜してはどうですか（成句）
too much ＝ あまりにも多くのこと（仕事）（much は名詞）
even ＝ （　　　　　　）（副詞）
time to watch TV ＝ テレビを見るための時間（79 ページのプラスワンポイントで解説）
yeah ＝ yes
a bit ＝ a little ＝ （　　　　　　）

Unit 3

Unit 4
お昼は学食で食べます

学校生活に関する言葉、一般動詞の現在形（3人称単数）

Key Vocabulary 14

音声を聞いて、1〜10の英訳をそれぞれ (A)〜(J) の中から選び、(　) に書き入れましょう。その後で 88 ページの解答を確認しましょう。

1. 数学の授業に出る　　　　　(　　　　)
2. 部活をさぼる　　　　　　　(　　　　)
3. 友人とおしゃべりする　　　(　　　　)
4. トイレに行く　　　　　　　(　　　　)
5. バイトをする　　　　　　　(　　　　)
6. 試験勉強をする　　　　　　(　　　　)
7. 試験を受ける　　　　　　　(　　　　)
8. バレーボールの練習をする　(　　　　)
9. ママチャリで通学する　　　(　　　　)
10. 学食で昼食をとる　　　　　(　　　　)

「彼は〜」の現在形の文を作ってみよう！

　主語が he, she, it など３人称単数の場合、現在形は「動詞の原形＋s（または es)」で表します。
　例）He works part-time every day.　彼は毎日アルバイトをしています。

◆語尾の –(e)s のつけかた
　　原則的に、動詞の原形に s をつける。ただし、次の①②は例外。
　　① [s,z,ʃ,tʃ,dʒ] の発音で終わる動詞→語尾に es を付ける。　例）wash → washes
　　② 子音＋y で終わる動詞→ 語尾の y を i に変えて es を付ける。例）study → studies

◆疑問文　「彼（彼女、それ）は〜しますか」　**Does he [she / it] ＋ 動詞の原形　？**
　　例）Does he work part-time every day?　　彼は毎日アルバイトをしていますか。

◆否定文　「彼（彼女、それ）は〜しません」　**He [She / It] doesn't ＋ 動詞の原形**
　　例）　He doesn't work part-time every day. 彼は毎日アルバイトをしているわけ
　　　　　　　　　　　　　　　　　　　　　　　　　　　ではありません。

Let's warm up! 🎧 15

　次の文を口頭で英訳しましょう。音声を聞いて答えを確認しましょう。

1. 彼は時々部活をさぼります。

2. トムは日曜日に外食しますか。（eat out）

3. 彼女は毎日バレーボールの練習をするわけではありません。

Unit 4

♪Let's try! 1

例文の ⬚ の中の語句を入れかえて、口頭でいろいろな文を作ってみましょう。主語に he、she、単数名詞を使ってください。ペアを組んで問題を出し合いましょう。

肯定文　| 彼 | は | 時々 | 部活をさぼります | 。
| He | | sometimes | skips club activities | .

【頻度を表す言葉（1）】

時々　sometimes	いつも　always
普通は　usually	しばしば　often
めったに〜しない　seldom	決して〜しない　never

※〈頻度〉を表す副詞は原則として一般動詞の前、be 動詞の後ろに置く。

♪Let's try! 2

例文の ⬚ の中の語句を入れかえて、口頭でいろいろな文を作ってみましょう。ペアを組んで問題を出し合いましょう。そして、相手の質問に答えてみましょう。

疑問文　| トム | は | 日曜日に | 外食します | か。
| Does | Tom | eat out | on Sunday | ?

否定文　| 彼女 | は | 毎日 | バレーボールの練習をするわけではありません | 。
| She | doesn't | have volleyball practice | every day | .

【頻度を表す言葉（2）】

どれくらいしばしば（どれくらいの頻度で）〜？　how often 〜？

1日に何回〜？　how many times a day 〜？

1日に1回　once a day

週に2日　two days a week

24

次のセリフを暗記して、ペアで会話をしてみましょう。また、言葉を適当にアレンジして自由に会話を楽しみましょう！

A: Does your friend Saori work part-time?
B: Yes, she does. She works as a server at a restaurant near the station.
（as a server ＝ ウェイトレスとして）
A: How many hours a day does she work?
B: Two hours. How about you?
A: Well, I work as a clerk at a convenience store near my apartment.
B: How many hours a day do you work?
A: It depends. Usually I work 3 hours a day, but when business is heavy, I work 6 hours. （business is heavy ＝ 仕事が忙しい）
B: Wow, it must be tiring.
（must＋動詞の原形 ＝ 〜（する）にちがいない、tiring ＝ 疲れさせる（形容詞）＜ tire（動詞））

会話の決まり文句 ④

It depends.　　　場合によります。
I have no idea.　わかりません。

✦✦ プラスワンポイント　〈未来〉を表す現在形　✦✦

現在形は確定的な〈未来〉の事柄を表す場合にも使います。時刻表やカレンダーに関連した内容や、確実に実行するはずの予定を表す場合や、新聞の見出しの文などに使われます。

例）The president leaves Tokyo tomorrow.　大統領は明日東京を出発します。

Unit 4

Writing Practice

（　）の語や語句を参考にして、次の日本語の意味を表す英文を書きましょう。すべて現在形を使うこと。

1. 彼は時々ママチャリで学校に行きます。

   ....

2. 彼女はめったに学食でお昼ごはんを食べません。

   ....

3. 彼は休み時間にはいつも友人とおしゃべりします。（during the lunch break）

   ....

4. その学生は時々部活をさぼります。

   ....

5. 放課後、私の友人のシズカは卓球の部活に行きます。(after school / table tennis)

   ....

6. タケシは授業中決してトイレに行きません。

   ....

7. あなたの弟は週に何回アルバイトをしていますか。

   ....

8. あなたのお姉さんはどれくらいの頻度で外食していますか。

   ....

英訳のヒント④　日本語の固有名詞のつづり

「シズカ」、「タケシ」など、日本語の名前のつづり方がわからない場合には「ヘボン式ローマ字」を調べるとよいでしょう。外務省がインターネット上で「ヘボン式ローマ字綴方表情報」を提供しています。ちなみに、「シ」は shi とつづります。

迷うのは「オー」の表記ですが、末尾の長音の「お」は「O」で表記します（例：高藤 = TAKATOO）。末尾以外の長音の「お」は「O」を表記しません（例：大野（おおの）= ONO ヘボン式では OHNO とは表記しません）。

Listening Practice 🎧 17

音声を聞いて、（　）に入れるべき語または語句を (A) 〜 (K) から選びましょう。そして、日本語に訳しましょう。

Jason:　　Hey Debbie, we're going on a ¹(　　　　) Sunday afternoon. Why don't you and your ²(　　　　) come?

Debbie:　I'd love to, but I don't know if Jenny will come. She's always tired on the weekend.

Jason:　　Really? Does she do a lot during the week?

Debbie:　Yes, she ³(　　　　) home for school at 7 a.m. She walks to school with her best friend.

Jason:　　She goes to ABC University, right?

Debbie:　Yes, she ⁴(　　　　) 3 classes every day and has to do an experiment every week.

Jason:　　Sounds like she's busy.

Debbie:　And it seems like she's always studying for an exam. Plus she works at her part-time job twice a week, and has ⁵(　　　　) practice three times during the week! So on Saturdays she studies about 4 or 5 hours. After that she chats with her friends.

Jason:　　Wow, when does she have time ⁶(　　　　) to the bathroom?

(A) attends　　(B) basketball　　(C) daughter　　(D) going　　(E) hike　　(F) like
(G) leads　　(H) leaves　　(I) love　　(J) to go　　(K) volleyball

　　📖　意味を確認しよう

if = 〜かどうか（接続詞）（83 ページで解説）
I'd love to = I'd love to (come) = そうしたい
a lot = たくさんのこと
right? = そうですよね？
experiment = （　　　　）（名詞）
sound(s) like 主語＋述語動詞 = 〜のように聞こえる（sound は動詞）
it seems like 主語＋述語動詞 = it seems that- 節 = （　　　　）
plus = そのうえ

Unit 4

Unit 5
ゴールデンウィークはどこに行きましたか？

旅行や娯楽に関する言葉、一般動詞の過去形

Key Vocabulary 🎧 18

音声を聞いて、1～10の英訳をそれぞれ（A）～（J）の中から選び、（　）に書き入れましょう。その後で88ページの解答を確認しましょう。

1. 京都で旅館に泊まりました。　　　　　（　　　　　）

2. 買い物をしました。　　　　　　　　　（　　　　　）

3. バスに乗りました。　　　　　　　　　（　　　　　）

4. 露天風呂につかりました。　　　　　　（　　　　　）

5. 京都に到着しました。　　　　　　　　（　　　　　）

6. カラオケを歌いました。　　　　　　　（　　　　　）

7. 史跡を訪れました。　　　　　　　　　（　　　　　）

8. 観光ツアーに参加しました。　　　　　（　　　　　）

9. シングル・ルームを予約しました。　　（　　　　　）

10. マッサージをしてもらいました。　　　（　　　　　）

※ 5.「京都市」の場合は arrived in kyoto、「京都駅」の場合は arrived at kyoto

28

過去形の文を作ってみよう！

過去のできごとや状態を表す文を書くときには、**過去形**を用います。
　例）She went to the US last year.　彼女は昨年アメリカに行った。
　※ 今どこにいるのかについては、言及していない。

◆主語の人称と一般動詞の過去形

主語になる語	過去形
すべて	動詞の原形＋(e)d （不規則動詞の過去形については、91-93ページの表を参照すること）

◆規則動詞の過去形のつくり方

原則的に、原形の語尾に ed を付ける。　ただし、次の ① ② ③ は例外。
① e で終わる動詞 → d だけ付ける。　例）live → lived
② 子音＋y で終わる動詞 → y を i に変えて ed を付ける。　例）study → studied
③ 短母音＋子音で終わる動詞 → 子音を重ねて ed を付ける。例）stop → stopped

◆ ed の発音

[t]	[id]	[d]
passed / worked など	waited / needed など	opened / played など

◆疑問文　「～しましたか」　**Did ＋主語＋動詞の原形　?**
　例）Did he work part-time yesterday?　彼は昨日アルバイトをしましたか。

◆否定文　「～しませんでした」　**主語＋didn't＋動詞の原形**
　例）He didn't work part-time yesterday.　彼は昨日アルバイトをしませんでした。

Let's warm up! 19

次の文を口頭で英訳しましょう。音声を聞いて答えを確認しましょう。

1. 私は東京駅で9時にバスに乗りました。
2. あなたは買い物をしましたか。
3. 彼はマッサージを受けませんでした。

Unit 5

Let's try! 1

例文の _____ の中の語句を入れかえて、口頭でいろいろな文を作ってみましょう。ペアを組んで問題を出し合いましょう。

肯定文　私 は 東京駅 で ９時 に バスに乗りました 。
　　　　I got on a bus at 9 at Tokyo Station .

【過去の時を表す言葉】

先日　the other day　　　最近　recently　　　　９時に　at 9
２時間前に　2 hours ago　　夏休みに　during the summer vacation

Let's try! 2

例文の _____ の中の語句を入れかえて、口頭でいろいろな文を作ってみましょう。ペアを組んで問題を出し合いましょう。そして、相手の質問に答えてみましょう。

疑問文　あなた は 買い物をしましたか 。　Did you do any shopping ?

　　　　※ some は疑問文では any になる。ただし、肯定の答えを予期している場合には some を使う。

疑問文　いつ 清水寺を訪れましたか 。When did you visit Kiyomizu Temple ?

否定文　彼は マッサージを受けま せんでした。 He didn't get a massage .

【時や場所に関する疑問詞】

何時に　what time　　　いつ　when　　　何時間　how many hours
どこで、どこに　where

30

Let's try! 3 🎧 20

　次のセリフを暗記して、ペアで会話をしてみましょう。また、言葉を適当にアレンジして自由に会話を楽しみましょう！

A:　Did you take a trip recently?

B:　Yes, I did. I visited Shimonoseki.

A:　Where did you stay?

B:　At a hotel near Shimonoseki Station.

A:　Did you do some sightseeing?

B:　Yes, I visited Akama Shrine. It is dedicated to Emperor Antoku. I also went to Kaikyokan Aquarium.

　　　　(shrine ＝ 神社、be dedicated to ~ ＝ ~をまつっている、aquarium ＝ 水族館)

A:　Sounds fun!

B:　Yes, I had a very good time! Would you like to go there, too?

A:　Maybe next year!

会話の決まり文句 ⑤

I had a good time.　楽しかったです。

Would you like to go there?　そこに行ってみたいですか。

　　　　　　　　　　　　　　　　(行ってみてはいかがですか。)

✦✦ プラスワンポイント　「〜しました」の表し方　✦✦

日本語の「〜しました」の表し方は2つあるので、どちらを使うべきかを考えましょう。

① 「昨日腕時計をなくしました」 I lost my watch yesterday. (過去形)
　　　　今は見つかっているのかどうかには言及していない。いつなくしたのかを明示または暗示するのが普通。

② 「腕時計をなくしました」 I have lost my watch. (現在完了形) (41ページで解説)
　　　　今もまだ見つかっていない。意味の重点は「今腕時計を持っていない」という事実に置かれている。

Unit 5

Writing Practice

（　　）の語や語句を参考にして、次の日本語の意味を表す英文を書きましょう。

1. いつ京都に着きましたか。

   ....

2. パーティで何時間カラオケを歌いましたか。

   ....

3. 彼らは先週の日曜日にどこに観光に行きましたか。（for sightseeing）

   ....

4. 寝る前に露天風呂につかりましたか。

   ....

5. 私たちは出発前に土産物屋で買い物をしました。（leave / at a gift shop）

   ....

6. チエは先日あの有名ホテルのシングルルームを予約しました。（famous）

   ....

7. その客は昨夜マッサージをしてもらいませんでした。（the customer /「ホテルの客」の場合は guest）

   ....

8. 何時に金沢駅でバスに乗りましたか。

   ....

 英訳のヒント⑤　日本語を英語に直す際の注意（その1）

「出発前に」の英訳に気をつけましょう。ヒントとしては動詞の leave が与えてあるので、「出発する前に」と日本語を置き換えてから訳しましょう。before のあとには名詞または節をもってこないといけないので、動名詞 leaving または we left とします。

Listening Practice 🎧 21

音声を聞いて、( ) に入れるべき語または語句を (A) ～ (K) から選びましょう。そして、日本語に訳しましょう。

Tom: What did you do ¹( ) Golden Week?

Meg: I was busy. A lot of my relatives visited and stayed at our house.

Tom: That ²( ) fun. How many came?

Meg: Let's see. My uncle and ³( ) and four cousins. Six altogether.

Tom: Wow, six people. I'll ⁴( ) you had fun. Did you do a lot together?

Meg: Actually, no! My mom and I cleaned and cooked and washed ⁵( )! We got up at 6 every morning. My cousins went to a hot spring and went sightseeing every day.

Tom: So, you didn't get to relax?

Meg: Not really! We just worked. I like my relatives, but can't ⁶( ) for Golden Week next year.

Tom: Will you get to relax next year?

Meg: Yes! They promised we could stay at their house!

(A) ant	(B) aunt	(C) bed	(D) bet	(E) clothes	(F) doing
(G) during	(H) sands	(I) sounds	(J) wait	(K) weight	

📖 **意味を確認しよう**

Golden Week ⇒ 日本在住の外国人には Golden Week で通じるが、日本の事情を知らない場合には 説明が必要。 例) a series of national holidays between late April and early May

lot = 一団、たくさんのこと（物）（名詞）

relative = ( ) （名詞）

uncle = ( ) （名詞）

cousin = ( ) （名詞）

altogether = ( ) （副詞）

actually = ( ) （副詞）

get to-不定詞 = ～できる(ようになる)、何とかして～する(73ページのプラスワンポイントで解説)

promise（that- 節）=（ ）（動詞）（that- 節は promise の目的語となる名詞節）

Unit 5   33

Unit 6
コンビニでアルバイトをしています

店を表す言葉、現在進行形

Key Vocabulary 🎧22

音声を聞いて、1～10の英訳をそれぞれ(A)～(J)の中から選び、(　)に書き入れましょう。その後で89ページの解答を確認しましょう。

1. レジ係　　　　　　　　　　(　　　)
2. 家庭教師　　　　　　　　　(　　　)
3. ホテルの清掃員　　　　　　(　　　)
4. 皿洗い　　　　　　　　　　(　　　)
5. 販売員　　　　　　　　　　(　　　)
6. ピザ配達員　　　　　　　　(　　　)
7. 事務員　　　　　　　　　　(　　　)
8. 子守り　　　　　　　　　　(　　　)
9. 宅配運転手　　　　　　　　(　　　)
10. ウェイター（ウェイトレス）(　　　)

進行形の文を作ってみよう！

「〜している最中である（あった）」とか「一時的に〜している（していた）」という意味を表すときには**進行形「be 動詞＋動詞 -ing」**を使います。

例）I'm watching TV.　私はいまテレビを見ています。

I'm working at a convenience store.　コンビニで働いています。

※ この瞬間に働いているとは限らない。（19 ページのプラスワンポイント参照）

◆〜 ing 形のつくり方

原則的にそのまま ing をつける。ただし、次の ① ② ③ は例外。

① e で終わる**動詞** → e を取って ing を付ける。例）take → taking / use → using

②「短母音＋子音」で終わる**動詞** → 子音字を重ねて ing を付ける。

例）stop → stopping

③ ie で終わる**動詞** → ie を y に変えて ing を付ける。例）lie → lying　die → dying

◆現在進行形（**be 動詞の現在形＋〜 ing**）

例）He is playing baseball.　彼は（今この時点で）野球をしています。

I'm studying hard this semester.　私は今学期一所懸命に勉強しています。

◆過去進行形（**be 動詞の過去形＋〜 ing**）

例）He was playing baseball then.　彼はそのとき野球をしていました。

◆疑問文　**be 動詞**を前に出す

例）Is he playing baseball?　彼は野球をしていますか。

◆否定文　**be 動詞**に not をつける

例）He isn't playing baseball.　彼は野球をしていません。

Let's warm up! 🎧 23

次の文を口頭で英訳しましょう。音声を聞いて答えを確認しましょう。

1. 私はブティックで販売員のアルバイトをしています。

2. 彼女は2年前の今頃ウェイトレスのアルバイトをしていました。

3. あなたはピザの配達のアルバイトをしていますか。

Unit 6

Let's try! 1

例文の ☐ の中の語句を入れかえて、口頭でいろいろな文を作ってみましょう。ペアを組んで問題を出し合いましょう。

肯定文

私 は ブティック で 販売員 のアルバイトを しています 。

I'm working part-time as a sales clerk at a boutique .

彼女 は 2年 前の今頃 レストラン で ウェイトレス のアルバイトを していました 。

She was working part-time as a server at a restaurant at this time 2 years ago.

【店の名前（1）】

ブティック	boutique	レストラン	restaurant
カフェ	café	スーパー	supermarket

Let's try! 2

例文の ☐ の中の語句を入れかえて、口頭でいろいろな文を作ってみましょう。ペアを組んで問題を出し合いましょう。そして、相手の質問に答えてみましょう。

疑問文

あなた は ピザの配達 のアルバイトをしていますか。

Are you working part-time as a pizza delivery driver ?

肯定文（従属節を伴う）

私が初めて彼に会った とき、彼 は スーパー で レジ係 のアルバイトをしていました。

When I first met him , he was working part-time as a cashier at a supermarket .

【時を表す従属節】 when ＋主語＋述語動詞 ＝〜する（した）ときに

彼女の携帯に電話をかけたときに　when I called her on her cell phone

Let's try! 3 🎧 24

次のセリフを暗記して、ペアで会話をしてみましょう。また、言葉を適当にアレンジして自由に会話を楽しみましょう！

A: Are you working part-time, ○○？ （パートナーの名前を入れて下さい。以下の Unit も同様）

B: That's right.

A: Where are you working?

B: At a supermarket near my apartment.

A: How much do you make an hour?

B: Nine hundred yen.

A: Oh, do you? I'm working at a convenience store near the campus. I only make 820 yen.

会話の決まり文句 ⑥

That's right. / You're right.　その通りです。

I'm not sure.　はっきりわかりません。

◆◆ プラスワンポイント　未来進行形　◆◆

　進行形には現在進行形・過去進行形のほかに**未来進行形** (will be + ~ ing) と**現在完了進行形**（have [has] been + ~ ing）（53 ページで解説）もあります。

　未来進行形には主に 2 つの意味がありますが、よく使われるのは② 〈なりゆきの未来〉です。

①未来のある時点における物事の進行

　　例）I will be flying over Tokyo at this time tomorrow.

　　　　明日の今頃は東京の上空を飛んでいるでしょう。

②なりゆきにより起こり得る未来の事柄

　　例）I will be seeing you soon.

　　　　近いうちにあなたに会うことになるでしょう。

Unit 6

Writing Practice

（　　　）の語や語句を参考にして、次の日本語の意味を表す英文を書きましょう。

1.　　子守りのアルバイトをしていますか。

　　　..

2.　　ジョンは皿洗いのアルバイトをしていますか。

　　　..

3.　　私たちはホテルの清掃員のアルバイトをしています。

　　　..

4.　　私の母は近くのスーパーでレジ係のアルバイトをしています。（nearby）

　　　..

5.　　私のいとこは週に2日家庭教師のアルバイトをしています。

　　　..

6.　　当時、私はブティックの販売員をしていました。（in those days）

　　　..

7.　　私があなたの携帯に電話したとき、あなたはピザの配達のアルバイトをしていたのですか。

　　　..

8.　　彼と初めて会ったとき、私はレストランでウェイトレスのアルバイトをしていました。

　　　..

> 英訳のヒント⑥　副詞句の位置
>
> 　in those days のような、時などを表す副詞句の位置は、日本文の中での位置にかかわらず、文頭でも文尾でもかまいません。

Listening Practice 🎧 25

音声を聞いて、( ) に入れるべき語または語句を (A) ～ (K) から選びましょう。そして、日本語に訳しましょう。

Helen: Hi Tina! I didn't know you were back from university. Will you ¹(　　　) all summer?

Tina: Hi Helen! Yes, I'll be home until ²(　　　). Today I'm going to interview for a part-time job.

Helen: What kind of job? I'm working as a babysitter for ³(　　　) families.

Tina: I did that ⁴(　　　) I was home last year, but it was really tiring. I'm hoping to be a cashier at the zoo. You know, at the ticket office.

Helen: The zoo? I ⁵(　　　) thought of that. I always liked going when I was a kid.

Tina: The kids I was babysitting last year were really wild. My mom said, "It ⁶(　　　) like you work in a zoo!" So this year I decided…

Helen: …to really work in a zoo!

(A) a few (B) ever (C) few (D) never (E) Saturday (F) September
(G) sounded (H) sounds (I) stay (J) while (K) why

📖 意味を確認しよう

kind ＝ (　　　)（名詞）
interview ＝ (　　　)（動詞）
you know ＝ ほら、そのう（つなぎ言葉として使われている）
the kids I was babysitting last year ＝ the kids (that) I was babysitting last year ＝ 昨年私が子守をしていた子どもたち（that は関係代名詞）（77 ページで解説）
wild ＝ (　　　)（形容詞）
decide to- 不定詞 ＝ ～することを決める（＝～しようと決める）（55 ページで解説）
　※ この場合は副詞の really が to と動詞の間に挿入されている

Unit 6

Unit 7
銀行でお金をおろしたばかりです

買い物や店に関する言葉、現在完了形（完了を表す）

Key Vocabulary 26

音声を聞いて、1～10の英訳をそれぞれ(A)～(J)の中から選び、（　）に書き入れましょう。その後で89ページの解答を確認しましょう。

1. 切手を買う　　　　　　　　　（　　　）
2. ズボンをリフォームしてもらう　（　　　）
3. 病院に行く　　　　　　　　　（　　　）
4. 髪を染めてもらう　　　　　　（　　　）
5. 部屋を整理する　　　　　　　（　　　）
6. クリーニング屋に行く　　　　（　　　）
7. 髪を切ってもらう　　　　　　（　　　）
8. 夕食の買い物をする　　　　　（　　　）
9. お金をおろす　　　　　　　　（　　　）
10. 口座を開く　　　　　　　　（　　　）

現在完了形の文を作ってみよう！

　現在完了形 「**have [has]** ＋**過去分詞**」は過去から現在にわたって関係している
できごとについて述べる場合に使います。次の 4 つの用法があります。

〈完了〉「～したばかりだ」

　　　　例）I've just finished the job.　その仕事を終えたばかりです。

〈経験〉「～したことがある」

　　　　例）I've visited Italy twice.　イタリアに 2 回行ったことがあります。

〈結果〉「～した（だから今は・・・）」

　　　　例）I've lost my umbrella.　傘をなくしました（今はない）。

〈継続〉「ずっと～している」

　　　　例）I've known him since childhood.　彼とは幼なじみです。

◆現在完了形のつくりかた

　　　have（または **has**）＋**過去分詞**（規則動詞の場合、**過去形と同じ形**）

主語になる語	現在完了形
I / we / you / they / 複数形の名詞	have ＋　過去分詞
he / she / it / 単数形の名詞	has ＋　過去分詞

　　　※ **不規則動詞の過去分詞形**については 91–93 ページの表参照

　　　※ 短縮形　I have → I've、　he has → he's など

　例）I have just been to the post office.　郵便局に行ってきたばかりです。

　　　※ have [has] just been to ~ =「～に行ってきたばかりだ」、 just =「たった今」

Let's warm up! 🎧27

　次の文を口頭で英訳しましょう。音声を聞いて答えを確認しましょう。

1. 私は銀行でお金をおろしたばかりです。

2. 彼はクリーニング屋に行ってきたばかりです。

3. 彼はズボンをリフォームしてもらったばかりですか。

Unit 7

Let's try! 1

例文の ☐ の中の語句を入れかえて、口頭でいろいろな文を作ってみましょう。ペアを組んで問題を出し合いましょう。

肯定文 　|私|は|銀行でお金をおろした|ばかりです。

|I've|just|withdrawn some money at a bank|.

　　　　|彼|は|クリーニング屋|に行ってきたばかりです。

|He's|just been to|the laundromat|.

【店の名前（２）】

郵便局　post office	銀行　bank	百均ショップ　dollar store
デパート　department store	床屋　barber shop	美容院　beauty salon
ゲームセンター　game center / game arcade		薬屋　drug store

Let's try! 2

例文の ☐ の中の語句を入れかえて、口頭でいろいろな文を作ってみましょう。ペアを組んで問題を出し合いましょう。そして、相手の質問に答えてみましょう。

疑問文 　|彼|は|ズボンをリフォームしてもらった|ばかりですか。

|Has he|just|had his pants altered|?

※「裾上げ」などの場合も altered を使う。

　　　　|あなた|は|薬屋に行ってきた|ばかりですか。

|Have you|just|been to the drug store|?

Let's try! 3 🎧 28

次のセリフを暗記して、ペアで会話をしてみましょう。また、言葉を適当にアレンジして自由に会話を楽しみましょう！

A: Hi ○○ , what's new?

B: Well, I've just been to a department store.
   または Well, I've just been to a drug store.

A: Did you buy anything?

B: No, I just enjoyed some window shopping.
   または Yes, I bought some eye drops.

A: Did you have a good time? または How much did they cost?

B: Yes, I think I'll go next Sunday, too. または About 900 yen.

会話の決まり文句 ⑦

What's new?　どうしていますか。変わりはないですか。

What's up?　どうしていますか。どうかしましたか。

◆◆ プラスワンポイント　just の意味 ◆◆

just は副詞として「たった今」、「～だけ」、「どうしても～（ない）」、「ちょうど」の意味をもつほか、「公平な（形容詞）」の意味も持ちます。

① 「～だけ」

　　例）Will you wait just a minute?　ちょっとだけ（１分だけ）待ってもらえますか。

② 「どうしても～（ない）」

　　例）You just can't take a joke.　君は全然冗談がわからないね。

③ 「ちょうど」

　　例）It's just 3 o'clock.　かっきり３時です。

④ 「公平な」

　　例）That wasn't a just treatment.　それは公平な扱いではありませんでした。

Unit 7

43

Writing Practice

（　　　）の語や語句を参考にして、次の日本語の意味を表す英文を書きましょう。

1. 私の祖父は床屋でひげを剃ってもらったばかりです。（have a shave）

   ....

2. 彼女は角を曲がったところの銀行で口座を開いたばかりです。（around the corner）

   ....

3. 私は美容院で髪を染めてもらったばかりです。良い気分です。（feel good）

   ....

4. ツヨシは郵便局で祖母への手紙を出してきたばかりです。（mail a letter for ~）

   ....

5. 私は百均でホッチキス1つとボールペンを2本買ったばかりです。

   ....

6. 私たちは駅の近くのゲームセンターに行ってきたばかりです。とても楽しかったです。（have a lot of fun）

   ....

7. 部屋を整理したばかりなのですか。きれいにかたづいていますね。（clean and tidy）

   ....

8. 私たちは大学を卒業したばかりです。いま卒業旅行でハワイにいます。（graduate from college / Hawaii / on a graduation trip）

   ....

 英訳のヒント⑦　日本語を英語に直す際の注意（その2）

「角を曲がったところの」となっているのは、そう書かないと日本語が不自然になるからであって、英語にするときには「ところ」を訳す必要はありません。このように、英訳の際には日本語のすべての言葉を訳さなくてはならないわけではありません。英語として不自然ではないか、意味がきちんと通じるかどうかを第一に考えてください。

Listening Practice 🎧 29

音声を聞いて、（　）に入れるべき語または語句を (A) 〜 (K) から選びましょう。そして、日本語に訳しましょう。

Kevin: Oh, hi, Lee! I didn't know you came to this barber shop.

Lee: Hi Kevin. I ^{1}(   ) go to the barber on Main Street. But he's on vacation this week. Today's my day off so I have ^{2}(   ) to get my haircut.

Kevin: Do you want to have lunch after we're finished here? I just have to go to an ATM and withdraw some money ^{3}(   ).

Lee: I'd like to, but I have to go to the clinic for my health check. Then I have to get my new pants altered at the department store, and buy some stamps at the post office.

Kevin: Wow, you have a busy day planned! Could we ^{4}(   ) for coffee in the afternoon?

Lee: Sure, we could (4 と同じ   ) at the café next to the grocery store. I have to shop for dinner today because my ^{5}(   ) is working late.

Kevin: You are really busy on your day off!

Lee: Yeah, it will be ^{6}(   ) to go back to work so I can relax!

(A) busy   (B) fast   (C) first   (D) meat   (E) meet   (F) nice
(G) night   (H) time   (I) usual   (J) usually   (K) wife

📖 　意味を確認しよう

---

on vacation ＝（ 　　　　　　 ）

day off ＝（ 　　　　　 ）

so（3 行目）＝それで（接続詞）

want to- 不定詞 ＝〜したい　（55 ページのプラスワンポイントで解説）

we're [we are] finished ＝ we have finished（自動詞の受動態は〈完了〉を表す）

have a busy day planned ＝忙しい 1 日を計画している（「have ＋目＋補」で「〜を…（の状態）にする（している）」の意味。3 ページ参照）

grocery store ＝（ 　　　　　　 ）

it will be...to go back ＝戻るのは…だろう（it は形式主語で、真主語は to go）

so I can relax ＝ so that I can relax ＝リラックスできるように

Unit 7　　45

Unit 8
納豆を食べたことがありますか？

食べ物や料理に関する言葉、現在完了形（経験を表す）

Key Vocabulary 30

音声を聞いて、1～10の英訳をそれぞれ(A)～(J)の中から選び、(　)に書き入れましょう。その後で89ページの解答を確認しましょう。

1. サンマ　　　　　　　　（　　　　）
2. アジ　　　　　　　　　（　　　　）
3. サバ　　　　　　　　　（　　　　）
4. ウナギ　　　　　　　　（　　　　）
5. イカ　　　　　　　　　（　　　　）
6. 焼きめし　　　　　　　（　　　　）
7. 納豆　　　　　　　　　（　　　　）
8. うどん（そば）　　　　（　　　　）
9. 焼き鳥　　　　　　　　（　　　　）
10. トンカツ　　　　　　　（　　　　）

〈経験〉を表す現在完了形の文を作ってみよう！

現在完了形「**have [has]** ＋過去分詞」は「〜したことがある」という意味も表します。

例) I **have been** to Tokyo Disneyland twice.
東京ディズニーランドに2回行ったことがあります。
※ have [has] been to 〜 ＝ 〜に行ったことがある

◆**疑問文**

例) <u>Have</u> you ever <u>been</u> to Hokkaido?　北海道に行ったことがありますか。
※ ever ＝ 今までに（副詞）

◆**否定文**

例) I <u>have</u> never <u>been</u> to Hokkaido.　北海道に行ったことはありません。
※ never ＝ まったく〜ない（副詞）

Let's warm up! 🎧 31

次の文を口頭で英訳しましょう。音声を聞いて答えを確認しましょう。

1. あなたはトンカツを食べたことがありますか。
2. アリスはアジの塩焼きを2回食べたことがあります。
3. 私はサバの味噌煮を食べたことがありません。

Unit 8

Let's try! 1

例文の ☐☐☐☐☐ の中の語句を入れかえて、口頭でいろいろな文を作ってみましょう。ペアを組んで問題を出し合いましょう。そして、相手の質問に答えてみましょう。

疑問文 | あなた | は | トンカツ | を | 食べた | ことがありますか。

Have you | ever | eaten | deep-fried pork | ?

【料理に関する言葉】

試食する　try　　　　　　　　　　作る　cook

〜の塩焼き　salt-grilled 〜　　　　〜のから揚げ　deep-fried 〜

〜のいためもの　stir-fried 〜　　　ゆでた〜　boiled 〜

〜で味付けした　flavored with 〜

〜の味噌煮　〜 cooked in *miso*

Let's try! 2

例文の ☐☐☐☐☐ の中の語句を入れかえて、口頭でいろいろな文を作ってみましょう。ペアを組んで問題を出し合いましょう。

肯定文 | アリス | は | アジの塩焼き | を | 2回 | 食べたことがあります。

Alice has | eaten | salt-grilled horse mackerel | twice .

否定文 | 私 | は | サバの味噌煮 | を食べたことがありません。

I have | never eaten | mackerel cooked in *miso* .

【回数を表す言葉】

一度、かつて　once　　　2回　twice　　　3回　three times

以前に　before　　　　　一度も〜ない　never

次のセリフを暗記して、ペアで会話をしてみましょう。また、言葉を適当にアレンジして自由に会話を楽しみましょう！

A: Have you ever tried *natto*?
B: I've heard of it, but I've never tried it. Is it delicious?
A: It depends on the person. Some people love it. Would you like to try?
B: Yes, I'd love to. または Well, I'd rather not. The smell is so bad!

会話の決まり文句 ⑧

I'd rather not（〜）.　　（〜）したくないです。
How did you like it?　　どうでしたか。（気に入りましたか。）

✦✦ プラスワンポイント　that の用法　✦✦

that の主な使い方は次の通りです。

① **代名詞**「あれ（それ）、あの（その）」

　　例) That is my pen.　That pen is mine.

② **従属接続詞**——**that- 節**は**名詞節**や**副詞節**になります。

・**名詞節**「〜であること」

　　例) I know (that) he is honest.　彼が正直であることを知っています。

・ある特定の**形容詞の後ろにつく**（**形容詞を修飾する副詞節**）

　　例) I'm sure that he will come.　彼が来ることを確信しています。

・「**so [such] ~ that- 節**」や「**so that 主語＋述語動詞**」の構文

　（so ~ を修飾する**副詞節**）

　　例) The man was so big that everyone was surprised.
　　　　その男性はあまりにも大男だったので誰もが驚きました。

③ **関係代名詞**「〜であるところの」（77 ページで解説）

　　例) The man that I met at the party was very polite.
　　　　パーティで会ったその男性はとても礼儀正しい人でした。

Unit 8

Writing Practice

（　　　）の語や語句を参考にして、次の日本語の意味を表す英文を書きましょう。

1.　　私はイスラム教徒です。豚肉を食べたことがありません。（a Muslim）

　　　..

2.　　そのアメリカ人は一度もウナギを食べたことがありません。（the American）

　　　..

3.　　鶏の唐揚げを作ったことがありますか。

　　　..

4.　　あの一流レストランで2度食事をしたことがあります。（first-class）

　　　..

5.　　ニューヨークを観光で訪れたことがありますか。（New York / visit）

　　　..

6.　　そのイタリア人はそばを食べたことがありません。（the Italian）

　　　..

7.　　これまでに3度、露天風呂につかったことがあります。

　　　..

8.　　日本旅館に泊まったことがありますか。どうでしたか。（a Japanese-style hotel）

　　　..

　　英訳のヒント⑧　日本語を英語に直す際の注意（その3）

　日本文に「今までに」、「これまでに」という言葉がなくても、疑問文では副詞の ever や before を入れておきましょう。現在完了形には「～したばかりだ」、「ずっと～している」など、いくつかの意味があるので、「～したことがある」という意味であることがはっきりわかるようにするためです。日本語表現にこだわらず、英語として正しいか、読みやすいかを考えて書きましょう。

Listening Practice 🎧 33

音声を聞いて、( ) に入れるべき語または語句を (A) ～ (K) から選びましょう。そして、日本語に訳しましょう。ただし、文頭に来るべき語も小文字にしてあります。

Sayaka: Bill, have you eaten Japanese food before?

Bill: Yes, I've been to Japan once, when I was 10. I remember some really smelly beans at breakfast. They smelled terrible!

Sayaka: Oh, you mean *natto*! *Natto* is fermented soybeans. They smell bad, but they $^1($) great. I've been eating *natto* since I was a child.

Bill: I think I ate some $^2($) noodles that I loved. We had them once or twice.

Sayaka: $^3($) *soba*. They are buckwheat noodles. Have you eaten Japanese seafood $^4($)?

Bill: I remember some kind of fish in a sweet $^5($). It was very soft and was served on $^6($).

Sayaka: Oh, that was *unagi*…it's broiled eel. Have you tried *aji*? It's horse mackerel, and it's great when it's grilled.

Bill: No, I haven't, but I'd like to. All this talk about food is making me hungry!

(A) cold   (B) cord   (C) dishes   (D) ditches   (E) lice   (F) probably

(G) rice   (H) sauce   (I) source   (J) taste   (K) test

📖 意味を確認しよう

---

smelly = ( ) (形容詞) < smell = ( ) (自動詞)

I have been ~ing since I was a child = 子どものときからずっと～している (動作の継続を表す。53 ページで解説)

I think that- 節 (that は省略可) = ～だと思う

that I loved = 私が気に入った (ところの) (that は関係代名詞。77 ページで解説)

some = 何らかの (単数形の名詞を伴う場合)

make me hungry = 私を空腹にする (SVOC の構文。3 ページ参照)

Unit 8

Unit 9
昨夜から雨が激しく降っています

天候を表す言葉、現在完了形（継続を表す）・現在完了進行形

Key Vocabulary 🎧 34

音声を聞いて、1～10の英訳をそれぞれ (A) ～ (J) の中から選び、(　) に書き入れましょう。その後で 89 ページの解答を確認しましょう。（すべて現在進行形の文）

1. 雨が降っている。　　　　　　　(　　　)
2. 雪が降っている。　　　　　　　(　　　)
3. ひょう（あられ）が降っている。(　　　)
4. 風が強まっている。　　　　　　(　　　)
5. 太陽が照りつけている。　　　　(　　　)
6. 雷が鳴っている。　　　　　　　(　　　)
7. 暑苦しい。　　　　　　　　　　(　　　)
8. 涼しくなってきている。　　　　(　　　)
9. 台風が近づいている。　　　　　(　　　)
10. 水位が上がっている。　　　　　(　　　)

〈継続〉を表す現在完了形の文を作ってみよう！

「(過去のある時点から始まって) ずっと〜である、ずっと〜している」という
〈継続〉の意味を表すには、**現在完了形**または**現在完了進行形**を使います。

◆〈状態〉の継続（進行形にできない動詞を使う場合）

　⇒ 現在完了形　**have [has] ＋過去分詞**

　　例）I've been [He's been] sick in bed since yesterday.

　　　　昨日からずっと病気で寝込んでいます。

　　　　　※〈状態〉を表すときは主に「be ＋形容詞」で表す (5 ページ参照)

◆〈動作〉の継続（進行形にできる動詞を使う場合）

　⇒ 現在完了進行形　**have [has] been ＋ 〜 ing**

　　例）I've been [He's been] playing a video game for 3 hours.

　　　　3 時間ずっとテレビ・ゲームをしています。

　　※ 動詞によっては、「**have (has) ＋過去分詞**」と書き換え可能な場合もある。

　　例）I have eaten *natto* since I was a child. (51 ページ)（必ず期間を表す言葉を伴う）

◆主語の人称と現在完了進行形の形

主語になる語	現在完了進行形
I / we / you / they / 複数形の名詞	have been ＋ 〜 ing
he / she / it / 単数形の名詞	has been ＋ 〜 ing

Let's warm up! 🎧 35

次の文を口頭で英訳しましょう。音声を聞いて答えを確認しましょう。

1. 今朝からずっと暑苦しいです。

2. 今日は 1 日中ずっと雪が降っています。(all day today)

3. 今週はずっと雨が降っていますか。(all this week)

Unit 9　　53

Let's try! 1

例文の □ の中の語句を入れかえて、口頭でいろいろな文を作ってみましょう。ペアを組んで問題を出し合いましょう。

【天気に関する言葉】

暑い／寒い／暖かい　hot / cold / warm　　　　湿度が高い　humid
乾燥している　dry　　　　　　　　　　　　　　肌寒い　　chilly
降ったりやんだりする　rain [snow など] on and off

Let's try! 2

例文の □ の中の語句を入れかえて、口頭でいろいろな文を作ってみましょう。ペアを組んで問題を出し合いましょう。そして、相手の質問に答えてみましょう。

【方向・速度を表す言葉】

東（西）から　from the east / west　　　北（南）に向かって　toward the north / south
日ごとに　day by day　　　　　　　　　急速に　rapidly
徐々に　gradually

次のセリフを暗記して、ペアで会話をしてみましょう。また、言葉を適当にアレンジして自由に会話を楽しみましょう。

（電話で）
A: Hello, is ○○ there?
B: It's me.
A: Oh, hi! It's ●●. How are you doing? How's the weather there?
B: Hi ●●! It's raining here. It started raining last night. It's been raining all night.　(start raining ＝ 雨が降り始める。下のプラスワンポイント参照)
A: That's too bad. You can't go fishing today as planned, can you?
　　(as planned ＝ 計画通りに（成句))
B: No, I can't. I'll just stay home and watch TV.

会話の決まり文句 ⑨

That's too bad.	残念ですね。それはお気の毒です。
Poor you!	お気の毒に！
It can't be helped.	しかたがありません。

✦✦ プラスワンポイント　名詞の働きをする準動詞 ✦✦

to-不定詞と **~ing** はどちらも「〜すること」という意味を表し、文の**主語・目的語・補語**になることができます（**to-不定詞**の名詞用法・動名詞）

例) **start to-不定詞、start ~ing**　「〜することを始める」⇒「〜し始める」
　　like to-不定詞、like ~ing　「〜することを好む」⇒「〜するのが好きだ」

★ ただし、**to-不定詞**と **~ing** が他動詞の**目的語**になる場合、どちらかしか使えない場合があるので注意！

　　例) I want going there. ✕　　I want to go there. ○
　　　　※ 原則的に「（これから）〜すること」を表す場合には **to-不定詞**を使う。

　　I finished writing the report. ○　　I finished to write the report. ✕
　　　　※ mind（いやがる）、enjoy（楽しむ）、give up（やめる）、finish（終える）、stop（やめる）などの**動詞**は **to-不定詞**を**目的語**にとることができない。

Unit 9

Writing Practice

次の日本語の意味を表す英文を書きましょう。現在完了形または現在完了進行形を使いましょう。

1. 今週はずっと肌寒いです。

    ....

2. 昨晩から蒸し暑いですか。

    ....

3. この一週間ずっと雪が降っていますか。

    ....

4. 風が徐々に強まってきています。

    ....

5. 日ごとに涼しくなってきています。

    ....

6. 今朝から急速に水位が上がってきています。

    ....

7. 今日は一日巾、雨が降ったりやんだりしています。

    ....

8. 台風が東から近づいてきています。こんな現象は今まで聞いたことがありません。
    (hear of such a phenomenon)

    ....

☝ 英訳のヒント⑨　前置詞にも接続詞にもなるつなぎ言葉

since は「〜以来」という意味を表し、名詞（句）や節を伴います。
　例）since 10 in the morning　　朝の 10 時からずっと（since は前置詞）
　　　since he left Fukuoka　　　彼が福岡を去ってからずっと（since は接続詞）

56

Listening Practice 🎧 37

音声を聞いて、（　）に入れるべき語または語句を (A) ～ (K) から選びましょう。そして、日本語に訳しましょう。

Waiter: How was your dinner?
Customer: It was wonderful! It was one of the best ¹(　　　) of our trip.
Waiter: Have you enjoyed Kyoto?
Customer: Well, it's a beautiful city, but the weather has been pretty bad the ²(　　　) time.
Waiter: Yes, it's really too bad. It's been raining for a week.
Customer: The rain doesn't ³(　　　) me, but it's really hot and muggy. We've been ⁴(　　　) so much. But it can't be helped! We still got to see ⁵(　　　) everything we wanted to see.
Waiter: Well, this afternoon the sun was shining, and tomorrow it will be cool and dry. What are your plans tomorrow?
Customer: We're leaving! Our ⁶(　　　) back to the US is tomorrow morning.

(A) bother   (B) flight   (C) fright   (D) haul   (E) near   (F) nearly
(G) parts   (H) sweating   (J) wetting   (K) whole

📖 意味を確認しよう

pretty ＝（　　　）（副詞）
everything (that) we wanted to see ＝ 私たちが見たかったすべてのもの（thatは関係代名詞）(77ページで解説)
We're leaving! ＝ 私たちは（明日）出発する予定です（59ページで解説）

Unit 9

Unit 10
公務員になるつもりです

進路や職業に関する言葉、予定や希望を表す言葉、理由を表す従属節

Key Vocabulary 🎧 38

音声を聞いて、1〜10の英訳をそれぞれ (A) 〜 (J) の中から選び、(　) に書き入れましょう。その後で 89 ページの解答を確認しましょう。

1. 資格をとる　　　　　　（　　　）
2. 求人に応募する　　　　（　　　）
3. 面接を受ける　　　　　（　　　）
4. 就活する　　　　　　　（　　　）
5. サラリーマンになる　　（　　　）
6. 公務員になる　　　　　（　　　）
7. 留学する　　　　　　　（　　　）
8. 結婚する　　　　　　　（　　　）
9. 起業する　　　　　　　（　　　）
10. 派遣社員として働く　　（　　　）

未来を表す文を作ってみよう！

〈未来のできごとの推測・予定〉などを表すときには、「**be going to- 不定詞**」や「**will ＋動詞の原形**」などの形にします。この２つの表現は多くの場合置き換え可能です。

◆「〜するつもりだ」（意志を表す）
- **will ＋動詞の原形**　意志を表したり、約束をするときに使う。
  - 例）I will become a doctor.　私は医者になるつもりです。
  - OK, I'll do it.　よし、私がやります。
    - ※ その場で決めたことを表すときは短縮形を使う。
- **be going to-不定詞**　すでに予定を組んでいたり、それに向けて準備をしている場合など。
  - 例）I'm going to become a teacher.　教師になるつもりです。
- **現在進行形 (am / are / is) ＋ ~ing**　未来のある時点が示されている場合のみ。
  - 例）I'm leaving soon.　もうすぐ帰ります。※ 使える動詞は限られている。

◆「〜するだろう」（未来の事柄に対する予測を表す）
- **will ＋動詞の原形**　未来のことに関する推測を表す。実現の度合いが高い。
  - 例）It will be sunny tomorrow.　　明日は晴れるでしょう。
- **be going to- 不定詞**　ある動作や状態が起こりそうな兆候が見られる場合。
  - 例）It's going to be sunny tomorrow.　明日は晴れるでしょう。
    - ※ 夕焼け空がきれいなどの兆候がある。
- **現在進行形 (am / are / is) ＋ ~ing**　未来のある時点が示されている場合のみ。
  - 例）The bus is leaving soon. もうすぐバスが出ます。
- **未来進行形 (will be ＋ ~ing)**　「なりゆきの未来」を表す。
    - （37 ページのプラスワンポイント参照）
- **現在形（動詞の原形（＋ (e)s））**　実現が確実な事柄に用いる。新聞の見出しに多い。
    - （25 ページのプラスワンポイント参照）

Let's warm up! 🎧 39

次の文を口頭で英訳してみましょう。be going to- 不定詞を使いましょう。音声を聞いて答えを確認しましょう。

1. 私は小学校の先生になるつもりです。

2. 彼は留学するつもりですか。

3. 私は公務員になるつもりはありません。

Unit 10　　59

Let's try! 1

例文の ☐☐☐ の中の語句を入れかえて、口頭でいろいろな文を作ってみましょう。ペアを組んで問題を出し合いましょう。そして、相手の質問に答えてみましょう。

肯定文 　私 　は 　小学校の先生になる 　つもりです。

　　　I'm 　going to 　be an elementary school teacher 　.

疑問文 　彼 　は 　留学する 　つもりですか。 　Is he 　going to 　study abroad 　?

否定文 　私は 　公務員になる 　つもりはありません。

　　　I'm 　not going to 　be a civil servant 　.

【未来を表す言葉】
明日　tomorrow（副詞）　　　２か月たったら　in 2 months
あさってに　(on) the day after tomorrow　（前置詞の on は省略可能）
来週／来月／来年　next week / next month / next year　（前置詞はつけない）

Let's try! 2

例文の ☐☐☐ の中の語句を入れかえて、口頭でいろいろな文を作ってみましょう。〈理由〉を表す言葉を加えてみましょう。ペアを組んで問題を出し合いましょう。

肯定文 　子供が好きな 　ので、 　小学校の先生になる 　つもりです。

　　　As 　I like children 　, I'm going to 　be an elementary school teacher 　.

　　　外国に２、３年ほど住んでみたい 　ので、 　卒業後に留学する 　つもりです。

　　　I'm going to 　study abroad after graduation 　since I

　　　want to 　live abroad for a couple of years 　.

【理由を表す言葉】
～なので、～だから　because [as / since] ～
　※〈理由〉を表す because / as / since は従属接続詞なので、節（主語＋述語動詞など）をしたがえ、
　　主節を修飾する。

60

Let's try! 3 🎧 40

次のセリフを暗記して、ペアで会話をしてみましょう。また、言葉を適当にアレンジして自由に会話を楽しみましょう！

A: What are you going to do after graduation, ○○ ?

B: I'm going to study at a graduate school in the US. (graduate school = 大学院)

A: What are you going to study in the US?

B: I'm going to study American history because I want to be a history teacher.

A: Good luck!

B: Thanks! How about you, ●● ? What are you going to do after graduation?

A: I'm going to be a civil servant. I want to join the Education Ministry.
(the Education Ministry = 文部科学省【略称】)

B: Are you studying for the exam?

A: Yes, I'm attending special lectures every day. But I'm not good at math. Will you help me? (math = 数学)

B: Sure!

会話の決まり文句 ⑩

Good luck!　うまくいくといいですね！

Lucky you!　運がよかったですね！

◆◆ プラスワンポイント 〈依頼〉を表す Will you 〜や Won't you 〜？ ◆◆

Will you 〜? / Won't you 〜? / Can you 〜? などの**疑問文**は〈依頼〉を表すことができます。

例) Will you help me?　/　Won't you help me?　/　Can you help me? /
Please help me.
手伝ってください。

Unit 10

Writing Practice

（　　）の語や語句を参考にして、次の日本語の意味を表す英文を書きましょう。（　　）内の未来表現を使いましょう。

1. 明日、あの有名な会社の求人に応募するつもりです。（be going to ~ / famous）

　　..

2. 来年、友人2人と一緒に起業するつもりです。（be going to ~）

　　..

3. 明日は雨が降るでしょう。（will）

　　..

4. 間もなく列車が到着します。（現在進行形 / soon）

　　..

5. 明後日、甥と一緒に映画に行きます。（現在進行形 / go to a movie）

　　..

6. 大学卒業後に派遣社員として働くつもりはありません。（be going to ~）

　　..

7. 小学校の教師になりたいので、教員免許をとるつもりです。（teaching license / will）

　　..

8. 安定した生活が送りたいので、公務員になるつもりです。（have a stable life / be going to ~）

　　..

 英訳のヒント⑩　未来表現の使い分け

　未来表現の細かい使い分けは英語に熟達した人にとってもむずかしいので、あまり神経質になる必要はありません。解説でいちおうの使い分けを示しましたが、will と be going to のどちらを使ってもほぼ同じ意味を表す場合が多いです（次ページ参照）。日常会話では going to は gonna と発音されるので、くだけた印象を与えたくないという理由で will を使うこともあります。

Listening Practice 🎧 41

音声を聞いて、(　) に入れるべき語または語句を (A) ～ (K) から選びましょう。そして、日本語に訳しましょう。

Janet:　　Tomoko, what will you do when you graduate from university?

Tomoko:　I'm going to apply for a job with the ^{1}(　　　　　) as a translator.

Janet:　　So you're going to be a civil servant?

Tomoko:　I hope so. I'm going to have an interview in ^{2}(　　　　　) in Tokyo.

Janet:　　That's so exciting! Did you get your translator's qualification? It's hard to get.

Tomoko:　Yes. It was hard, but it will be ^{3}(　　　　　) it. What about you? Are you looking for a job?

Janet:　　No. My fiancé and I will get married in summer. We are going to start a business. We'll take Japanese tourists on ^{4}(　　　　　) trips in Canada.

Tomoko:　Wow, congratulations! If I don't ^{5}(　　　　　) the interview, maybe you can ^{6}(　　　　) me as a translator!

(A) camping　　**(B) can't eat**　　**(C) fire**　　**(D) government**　　**(E) hire**　　**(F) June**

(G) July　　　　**(H) pass**　　　　**(I) path**　　**(J) worse**　　　　**(K) worth**

📖　意味を確認しよう

translator ＝ (　　　　　　) (名詞)

hard to- 不定詞 ＝ ～するのが難しい (to- 不定詞は hard を修飾する副詞用法)

What about you? ＝ How about you?

maybe ＝ (　　　　　) (副詞)

congratulations ＝ (　　　　　　)

as ~ ＝ ～として (前置詞)

※ Janet の最後のセリフで will と be going を用いているが、意味は同じ。単調さを避けるために表現を変えただけである。

Unit 10　　63

Unit 11
今日は残業しなくてはいけません

仕事や会社に関する言葉、義務や目的を表す言葉

Key Vocabulary 42

音声を聞いて、1〜10の英訳をそれぞれ (A)〜(J) の中から選び、(　) に書き入れましょう。その後で 90 ページの解答を確認しましょう。

1. 出張する　　　　　　　　　　　(　　)
2. 会う約束をする　　　　　　　　(　　)
3. その会議に出席する　　　　　　(　　)
4. この書類を10部コピーする　　　(　　)
5. 残業する　　　　　　　　　　　(　　)
6. ノルマを達成する　　　　　　　(　　)
7. 注文する　　　　　　　　　　　(　　)
8. あいさつ回りをする　　　　　　(　　)
9. 資料を用意する　　　　　　　　(　　)
10. パソコンでメールをチェックする　(　　)

義務を表す文を作ってみよう！

「〜しなければならない」など〈義務〉を表すには、**助動詞の must** や **should**、ほかに **have [has / had] to** などを用います。**must** は主観的に決めた義務、**have to** は外因的な要素により生じた義務を表します。**should** は〈義務〉の度合いが弱い場合に用います。

◆肯定文　「主語＋助動詞＋動詞の原形」

例）I <u>must work</u> overtime today.　今日は残業しなくてはいけません。

I <u>have [She has] to work</u> overtime today.

　　私は（彼女は）今日は残業しなくてはいけません。

I <u>had to work</u> overtime yesterday.　今日は残業しなくてはいけませんでした。

　　※「〜しなければいけなかった」と言う場合にはふつう had to 〜 を用いる。must の過去形はない。

◆疑問文　「助動詞＋主語＋動詞の原形〜？」

例）<u>Must</u> I <u>work</u> overtime today?　今日は残業しなくてはいけませんか。

<u>Do</u> I [<u>does</u> he/she] <u>have to work</u> overtime today?　同上

◆否定文　「主語＋助動詞の否定形＋動詞の原形」

例）You <u>mustn't [shouldn't] work</u> overtime today.

　　今日は残業してはいけません。〈義務〉

　　※ 短縮形　must not ⇒ mustn't、　should not ⇒ shouldn't

You <u>don't [He doesn't] have to work</u> overtime today.

　　あなたは（彼は）今日は残業しなくてもいいです。〈不必要〉

　　※ must と have to は否定形では意味が変わるので注意すること。

Let's warm up! 🎧 43

次の文を口頭で英訳してみましょう。have [has / had] to を用いましょう。音声を聞いて答えを確認しましょう。

1. あなたはこの書類を 10 部コピーしなくてはいけません。

2. 彼は昨日残業しなくてはいけませんでした。

3. 金沢に出張しないといけませんか。

Unit 11　65

Let's try! 1

例文の ☐ の中の語句を入れかえて、口頭でいろいろな文を作ってみましょう。have [has / had] to を用いましょう。ペアを組んで問題を出し合いましょう。そして、相手の質問に答えてみましょう。

肯定文 | あなた | は | この書類を 10 部コピーしなくてはいけません | 。

| You | have to | make 10 copies of this document | .

| 彼 | は | 昨日 | 残業しなくてはいけません | でした。

| He | had to | work overtime | yesterday | .

疑問文 | 金沢に出張し | ないといけませんか | 。

| Do I have to | make a business trip to Kanazawa | ?

Let's try! 2

例文の ☐ の中の語句を入れかえて、口頭でいろいろな文を作ってみましょう。下の【目的を表す言葉】を参考にして、「〜するために」という言葉を入れてみましょう。ペアを組んで問題を出し合いましょう。

肯定文

| あなた | は | 会議の資料を用意する | ために | この書類を 10 部コピー |

しなくてはいけません。

| You have to | | make 10 copies of this document | in order to |

| prepare the material for the meeting | .

【目的を表す言葉】

〜するために **(in order) to ＋動詞の原形（in order to- 不定詞）**

※ **to- 不定詞**は〈目的〉や〈理由〉などを表すことができる（**to- 不定詞の副詞用法**）。

次のセリフを暗記して、ペアで会話をしてみましょう。また、言葉を適当にアレンジして自由に会話を楽しみましょう！

A: I have to stay up late tonight in order to finish my report by the deadline.
　（by the deadline ＝ 締め切りまでに）
B: Let me help you.
A: Thanks so much. I owe you one.
B: Don't mention it. What do you want me to do?
　（want 人 to- 不定詞 ＝ （人）に～してほしい）
A: Well, will you cook something for me? I'm hungry.
B: No problem. I'm a little hungry, too.

会話の決まり文句 ⑪

I appreciate it.	感謝します。
I owe you one.	恩にきます。（owe ＋人＋～ ＝ （人）に～の借りがある）
Don't mention it.	どういたしまして。

✦✦ プラスワンポイント　can と could ✦✦

◎「～できる」や「～してもよい」という意味を表すには、must や will と同じ**助動詞**の **can** を使います。

　例）　I can swim 200 meters.　　　200 メートル泳ぐことができます。〈能力〉
　　　　You can leave now.　　　　　もう帰っていいですよ。〈許可〉

◎やんわりと提案したいときには can の**過去形** could を使いましょう。

　例）　You could ask your teacher for advice.
　　　　先生にアドバイスを求めることもできますよ（求めてみてはいかがですか）。
　　　　※ **助動詞の過去形**は**仮定法**に使われることから、語調を和らげるときにも使われる。

Unit 11

Writing Practice

（　　）の語や語句を参考にして、次の日本語の意味を表す英文を書きましょう。

1.　メールをチェックするためにパソコンを起動しなければいけません。(start a PC)

....

2.　ノルマを達成するためにたくさん注文をとらなくてはいけませんでした。
　　(get a lot of orders)

....

3.　明日の会議に出席するためには今すぐ出発しなくてはいけませんか。
　　(right now / tomorrow's meeting)

....

4.　出張に行かないといけないので、友人との約束をキャンセルしなくてはいけません。
　　(cancel)

....

5.　会議の資料を用意するために、この書類を 12 部コピーしてくれますか。

....

6.　転勤のあいさつ状を送りたいので、これらのはがきのあて名書きをしてくれますか。
　　(address these postcards / cards announcing my transfer)

....

7.　明日東京まで出張しなければならないのですが、今日は体調が良くありません。
　　(but / feel well)

....

8.　たくさんの注文をとるために、明日得意先のあいさつ回りをしてくれますか。
　　(top clients)

....

英訳のヒント⑪　助動詞の使い分け

　「～しなければいけない」は must、「～すべきだ」は should と訳すという風に、日本語によってどの助動詞を使うかが決まると考えている人が多いようですが、日本語の表現は英訳には関係ありません。大事なことは、主観的な判断か客観的な判断か、どれほど強く感じているか、ということです。(must が一番強い)

68

Listening Practice 🎧 45

音声を聞いて、（　）に入れるべき語または語句を (A)〜(K) から選びましょう。そして、日本語に訳しましょう。

Henry: Paul, will you come to my summer ¹(　　　　　) party? It's going to be fun.

Paul: I wish I could, but I've got to make a business trip that weekend. I'm going to Denver to ²(　　　　) with Acme Corporation.

Henry: Again? I thought you just made a courtesy visit to Acme last week?

Paul: I did and I'm ³(　　　　), because now they are going to place an order! A big one.

Henry: Great! You'll make your quota this month with no ⁴(　　　　).

Paul: But I had to work overtime a lot, attending meetings, preparing materials and ⁵(　　　　), and checking emails on the weekends.

Henry: I know how you feel. We really are overworked. But at least we're well ⁶(　　　　)!

(A) cool　　(B) glad　　(C) grand　　(D) paid　　(E) paying　　(F) pool
(G) presents and shows　　(H) presentations　　(I) problem　　(J) talk
(K) tall

📖　意味を確認しよう

I wish I could (come) ＝そうできればいいのだが（できない）。（仮定法過去）

have got to- 不定詞 ＝ have to- 不定詞（65 ページ参照）

Denver ＝デンヴァー（アメリカ合衆国コロラド州の州都）

a big one ＝ a big order（one は前出の名詞を指す）

attending…, preparing…, and checking… ＝〜したり、〜したり〜、〜したりして（分詞構文。-ing を主節の前や後ろに付けることにより、「〜して」、「〜したときに」、「〜したので」などの意味を表す。）

overworked ＝働きすぎの（形容詞）

at least ＝（　　　　）（成句）

Unit 11　69

Unit 12
容疑者が逮捕されたことをご存知ですか？

ニュースや犯罪に関する言葉、受動態

Key Vocabulary 🎧 46

音声を聞いて、1〜10の英訳をそれぞれ (A)〜(J) の中から選び、(　) に書き入れましょう。その後で90ページの解答を確認しましょう。

1. 逮捕する　　　　　　　　　　　（　　　）
2. ゆする　　　　　　　　　　　　（　　　）
3. スピード違反で切符を切られる　（　　　）
4. 窃盗　　　　　　　　　　　　　（　　　）
5. （車で）人をはねる　　　　　　（　　　）
6. 虐待する　　　　　　　　　　　（　　　）
7. 万引きをする　　　　　　　　　（　　　）
8. 訴える　　　　　　　　　　　　（　　　）
9. 犯罪者　　　　　　　　　　　　（　　　）
10. 殺人の容疑者　　　　　　　　　（　　　）

受動態の文を作ってみよう！

「～された」、「～されている」などの意味を表すには、**受動態**を使います。

能動態の文を**受動態**の文に変えるやり方は次の通り。

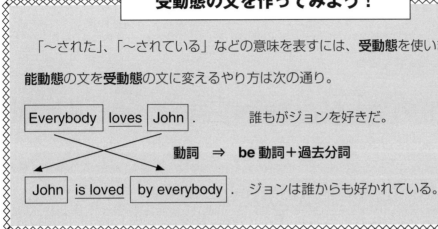

◆ **疑問文**　be 動詞や助動詞を前に出す

　例） Is John loved by everybody?　　　ジョンは誰からも好かれていますか。

　　　Has John been loved by everybody?　ジョンは（これまでに）誰からも好かれてきましたか。

　　　Will John be loved by everybody?　ジョンは誰からも好かれるでしょうか。

◆ **否定文**　be 動詞や助動詞に not をつける

　例） John isn't loved by anybody.　　　ジョンは誰からも好かれていません。

　　　John hasn't been loved by anybody.　ジョンは（これまでに）誰からも好かれてきませんでした。

　　　John won't be loved by anybody.　ジョンは誰からも好かれないでしょう。

Let's warm up! 47

次の文を口頭で英訳しましょう。音声を聞いて答えを確認しましょう。

1. 昨夜 殺人の容疑者が逮捕されました。

2. 彼は詐欺の容疑で訴えられましたか。

3. 私はスピード違反で切符を切られたことがありません。

Unit 12

Let's try! 1

例文の 　　　　 の中の語句を入れかえて、口頭でいろいろな文を作ってみましょう。ペアを組んで問題を出し合いましょう。

肯定文 　昨夜 　殺人の容疑者 　が 　逮捕され 　ました 　。

The suspect for the murder 　was 　arrested 　last night 　.

疑問文 　彼 　は 　詐欺の容疑で訴えられ 　ましたか 　。

Was 　he 　sued for fraud 　?

【犯罪などを表す言葉】

詐欺　fraud 　　　　殺す（動詞）・殺人（名詞）　murder 　　強盗　holdup

強盗犯　robber 　　　　誘拐　kidnapping

密輸　smuggling 　　　　スピード違反　speeding 　　　　暴行　assault

Let's try! 2

例文の 　　　　 の中の語句を入れかえて、口頭でいろいろな文を作ってみましょう。ペアを組んで問題を出し合いましょう。

否定文 　私 　は 　スピード違反で切符を切られ 　たことがありません。

I 　have never 　got a speeding ticket 　.

疑問文 　彼 　は 　窃盗罪で訴えられる 　でしょうか 　。

Will 　he 　be sued for theft 　?

Let's try! 3 🎧 48

次のセリフを暗記して、ペアで会話をしてみましょう。また、言葉を適当にアレンジして自由に会話を楽しみましょう！

A: Do you know that Jack was arrested for mugging?
B: No kidding! Was he really?
A: He was. He is now in jail.　（jail＝拘置所）
B: When was he arrested?
A: Last night. He was caught in the act.　（be caught in the act＝現行犯でつかまる）

会話の決まり文句 ⑫

No kidding!	冗談でしょう！
Are you sure?	それは確かですか。（確信していますか。）
I thought as much.	そんなことだろうと思っていました。

✦✦ プラスワンポイント　get の主な意味　✦✦

「be＋過去分詞」は「～される」と「～されている」の2つの意味があるので、区別するために「～される」と言いたいときには「get＋過去分詞」（～される）を使うことが多いです。この場合、get は「～になる」の意味。

基本動詞の1つ get の主な意味は次の通り。
① ～を手に入れる
　　例）Will you get a 62-yen stamp for me?　62円切手を買ってくれませんか。
② ～（の状態）になる／～にする　例）He got angry.　彼は腹をたてた。
③ 移動する／移動させる
　　例）I got to the station at 6.　6時に駅に着いた。
④ （人）に～させる（「get＋人＋to-不定詞」の構文で）
　　例）I got my son to wash my car.　息子に洗車してもらった。
⑤ ～する（できる）ようになる、なんとかして～する（「get＋to-不定詞」の構文で）
　　例）I got to know him.　彼と知り合いになった。

Unit 12

Writing Practice

（　　）の語や語句を参考にして、次の日本語の意味を表す英文を書きましょう。

1. その会社社長はこの3か月の間その犯罪者からゆすられていました。(the company president / for the past 3 months)

   ....

2. 私たちのうち誰も警察に逮捕されたことはありません。(none of us / the police)

   ....

3. 私の元の夫は先週万引きの罪で逮捕されました。(ex-husband / sue は民事訴訟のときに使う)

   ....

4. 今朝、殺人の容疑者が逮捕されたことを知っていますか。

   ....

5. かわいそうなことに、その男の子は家から200メートルのところで誘拐されました。(the poor boy / meter)

   ....

6. さきほど強盗犯が銀行で現行犯逮捕されました。(a while ago)

   ....

7. スピード違反で切手を切られたことがありますか。

   ....

8. テレビのニュースによれば、たった今誘拐の容疑者が逮捕されました。(according to the TV news)

   ....

 英訳のヒント⑫　日本語を英語に直す際の注意（その4）

「かわいそうなことに、その男の子は」の訳をするに際しては、the poor boy が「かわいそうなその男の子」を意味することから、「かわいそうなことに」という言葉を単独で訳す必要がないことに気をつけましょう。「ところで」も訳す必要はありません。

Listening Practice 🎧 49

音声を聞いて、（　　）に入れるべき語または語句を (A) ～ (K) から選びましょう。そして、日本語に訳しましょう。

Alan: Tom, did you see the news about the ¹(　　　　　) from our town who was arrested?

Tom: No! Who is it? Did we know him? I'd hate for one of my friends to be a criminal!

Alan: The newspaper said he was caught shoplifting in the ²(　　　　　), and when the police came, he escaped and drove away in his car!

Tom: I did hear about that! He hit a big ³(　　　　　) while he was leaving the parking lot.

Alan: Yeah. So he got arrested for theft, and for running from the police. And the company that owned the truck is going to sue him for the ⁴(　　　　　)!

Tom: Wow, he's in big ⁵(　　　　　). I've only gotten a speeding ticket.

Alan: Does your mom know about that?

Tom: No! Don't say anything to her about it.

Alan: I won't.... if you ⁶(　　　　　) me lunch.

Tom: Hey, don't try to blackmail me!

(A) buy   (B) by   (C) damage   (D) guide   (E) guy   (F) mall

(G) mold   (H) track   (I) travel   (J) trouble   (K) truck

📖 意味を確認しよう

the guy...who was arrested ＝ 逮捕された男（who は関係代名詞）

I'd hate... ⇒ 仮定法過去（85 ページのプラスワンポイントで解説）

hate for 人 to- 不定詞 ＝ （人）が～するのが嫌だ

escape ＝（　　　　　）（自動詞）

did hear ＝ 確かに聞いた（heard（過去形）の強調表現）

parking lot ＝（　　　　　）

the company that owned the truck ＝ そのトラックを所有していた会社（that は関係代名詞）

get arrested for ~ ＝ ～のことで逮捕される（73 ページのプラスワンポイント参照）

try to- 不定詞 ＝ ～しようとする（55 ページのプラスワンポイント参照）

Unit 12   75

Unit 13

昨年アカデミー賞をとった映画は何ですか？

娯楽・マスコミに関する言葉、関係詞

Key Vocabulary 🎧 50

音声を聞いて、1〜10の英訳をそれぞれ (A) 〜 (J) の中から選び、(　) に書き入れましょう。その後で 90 ページの解答を確認しましょう。

1. アカデミー賞を受賞する　　　(　　　)
2. 主演する　　　　　　　　　　(　　　)
3. 共演する　　　　　　　　　　(　　　)
4. 殿様の役を演じる　　　　　　(　　　)
5. ロケ撮影する　　　　　　　　(　　　)
6. 上映される　　　　　　　　　(　　　)
7. 視聴率　　　　　　　　　　　(　　　)
8. そのドラマを生放送する　　　(　　　)
9. 再放送する・再放送番組　　　(　　　)
10. 録画する　　　　　　　　　　(　　　)

関係詞節を使って文を作ってみよう！

「〜する（した）○○」などという表現は、**関係詞**を使って表すことができます。
that, what, when, where を使いこなせれば、英作文では困りません。

◆**関係代名詞の主格・目的格**

who (whom)（先行詞が人の場合）／ which（先行詞が物の場合）もありますが、
ほとんどの場合 that を使うことができます

例）the girl that (who) was singing on the stage　ステージで歌っていた女の子
　　a train that (which) goes to Tokyo　東京へ行く列車

◆**関係代名詞 what**

「〜する（した）物・事柄」を表す場合には、**what** を使います。

例）what he gave me for my birthday　誕生日に彼が私にくれたもの

◆**関係副詞 when, where**

ある時に、あるいはある場所において、何かをする（した）として、その〈時〉や〈場
所〉を表す場合には、**関係副詞 when、where** を使います。

例）the day when I first met him　　私が初めて彼に会った日
　　the house where he was born　　彼が生まれた家

Let's warm up! 🎧 51

次の文を口頭で英訳しましょう。音声を聞いて答えを確認しましょう。

1. これは昨年アカデミー賞を受賞した映画です。

2. 毎週月曜日７時から再放送されている番組は『相棒』です。(they rerun)

3.『八日目の蝉』の撮影をした場所は小豆島です。(they shot 〜 / Shodoshima Island)

Unit 13　77

Let's try! 1

例文の ☐ の中の語句を入れかえて、口頭でいろいろな文を作ってみましょう。ペアを組んで問題を出し合いましょう。

関係代名詞　これは 昨年アカデミー賞を受賞した 映画です。

This is the movie that won an Academy Award last year .

毎週月曜日７時から再放送されている 番組は 『相棒』 です。

The TV show that they rerun from 7:00 every Monday is *Aibo* .

　　※ they はばく然と「（テレビ局の）人々」を指している。書名やテレビ番組の名前などは斜体字で表す。

Let's try! 2

例文の ☐ の中の語句を入れかえて、口頭でいろいろな文を作ってみましょう。ペアを組んで問題を出し合いましょう。

関係副詞

『八日目の蝉』 の撮影をした場所は 小豆島 です。

The place where they shot *Yokame-no-Semi* is Shodoshima Island .

私 は 高校を卒業した 年に初めて その映画を見ました 。

I saw the movie for the first time in the year when I graduated from high school .

Let's try! 3 🎧 52

次のセリフを暗記して、ペアで会話をしてみましょう。また、言葉を適当にアレンジして自由に会話を楽しみましょう！

A: Who is your favorite actor, ○○ ?

B: Leonardo DiCaprio, definitely! (definitely = 絶対に)

A: Why do you like him so much?

B: He played the lead in *Titanic*, and his performance was absolutely fantastic! How about you? Who is your favorite actor? (abusolutely = 絶対に)

A: Let me see…. It's hard to choose one, but I'd say Pinko Izumi.

B: Are you serious?

A: Definitely. I think her performance is always wonderful!

※ I'd (= I would) say は控えめな表現で、「(どちらかと言えば) まあ…でしょうね」などと言いたいときなどに使う。

会話の決まり文句 ⑬

Great! / Fantastic! / Wonderful! / Terrific! / Super! / Cool! / Amazing! / Awesome!　　すばらしい！　最高だ！

✦✦ プラスワンポイント　名詞を修飾する準動詞 ✦✦

次のような表現は、**関係詞を使わず、準動詞**で表すことができます。

　※ 英語では簡潔な表現が好まれるので、優先的に準動詞を使う。

◎「〜している最中の○○」⇒ **~ing**（現在分詞＝形容詞の働きをする ~ing）を使う

　　例）a girl dancing on the stage　ステージで踊っている女の子

◎「〜された（されている）○○」⇒ **過去分詞**を使う

　　例）a toy broken by Tom　トムによってこわされたおもちゃ

　　　　　　　　　　　　　　　（＝トムがこわしたおもちゃ）

◎「〜するための○○」、「〜できる○○」

　　⇒ **to- 不定詞**を使う（形容詞用法＝形容詞の働きをする to- 不定詞）

　　例）time to read　読書するための時間

Unit 13　　79

Writing Practice

（　　）の語や語句を参考にして、次の日本語の意味を表す英文を書きましょう。

1. 昨日録画した再放送番組を間違って消去してしまいました。（delete / by mistake）

   ....

2. 同性愛をとりあげたそのテレビドラマの平均視聴率は高かった。（average / homosexuality / deal with）

   ....

3. その俳優と彼の息子が共演しているその映画は大ヒットしました。（become a big hit）

   ....

4. 私はその映画を初めて見た日のことをはっきりと覚えています。（clearly）

   ....

5. 今夜8時に始まる生放送の音楽番組を録画するつもりです。（the live music show）

   ....

6. これはあの有名な映画が4Dで上演されている映画館ですか。（movie theater / in 4D）

   ....

7. 映画の中で殺人犯を演じたその女優はアカデミー賞主演女優賞を受賞しました。（murderer / Academy Award for Best Actress）

   ....

8. その人気映画が封切られた日、この映画館は満員でした。（popular / full / be released）

   ....

🔔 **英訳のヒント⑬　主語を見きわめる（その1）**

「その人気映画が封切られた日」は文の主語ではなく、「この映画館」が主語となります。その場合、「～が封切られた日」は「～が封切られた日に」という英語にします。「その日に」は on the day。ただし、on は省略可能です。（Unit 10 参照）

ちなみに、next / last / this / that / every が day / week / month / year の前にある場合には前置詞は必ず省略します。

Listening Practice 🎧 53

音声を聞いて、( ) に入れるべき語または語句を (A) 〜 (K) から選びましょう。そして、日本語に訳しましょう。

Nancy: Hi Nobu, what's new?
Nobu: Did you hear? I'm going to be in a movie!
Nancy: Really? That's ¹(   )! Are you playing the lead? Do you think you will win an Academy Award?
Nobu: Ha ha! I wish. No, I will play the part of a police ²(   ) in "Detective Story". I only have a ³(   ) part. But I'll get to play together with Dan Rock!
Nancy: You're really lucky! Where will they do the filming?
Nobu: They will shoot the ⁴(   ) on location in Tokyo.
Nancy: Can I come watch the filming and record it on my ⁵(   )?
Nobu: No! We movie stars don't like anyone seeing our films until they are finished. You'll have to wait until it is showing at your ⁶(   ) movie theater!

(A) cold   (B) cool   (C) home   (D) local   (E) low calorie   (F) mall
(G) officer (H) phone   (I) scene   (J) seeing   (K) small

📖 意味を確認しよう

detective ＝ 探偵、刑事（名詞）
get to- 不定詞　73 ページのプラスワンポイント参照
come watch ＝ come and watch ＝ 見に来る（行く）
filming ＝ 映画撮影、映画製作（名詞）
Can I 〜？＝ 〜してもいいですか。
like 人 〜 ing ＝（人）が〜するのを好む
until ＝ till ＝（   ）（接続詞）

Unit 14
田中がホームランを打ったかどうか教えてください

スポーツに関する言葉、比較、間接疑問文

Key Vocabulary 54

音声を聞いて、1～10の英訳をそれぞれ (A)～(J) の中から選び、(　) に書き入れましょう。その後で 90 ページの解答を確認しましょう。

1. 試合に勝つ　　　　　　　　(　　)
2. 負ける　　　　　　　　　　(　　)
3. 試合相手を負かす　　　　　(　　)
4. 引き分ける　　　　　　　　(　　)
5. 20 得点する　　　　　　　 (　　)
6. 世界記録を破る　　　　　　(　　)
7. 国内最高記録を保持する　　(　　)
8. 登板する　　　　　　　　　(　　)
9. （野球で）延長戦に入る　　(　　)
10. 引退する　　　　　　　　 (　　)

間接疑問文を使って文を作ってみよう！

「何（誰・いつ・どこ・なぜ・どうやって）〜する（した）か」という表現を文の中に入れたいときには**間接疑問文**を使います。間接疑問文では語順を肯定文と同じく「**主語＋述語動詞**」にします。

例) I don't know where he comes from.　彼がどこの出身か知りません。

【間接疑問文の作り方】

◆疑問詞＋be動詞

疑問文	間接疑問文
Who is he?	⇒ I don't know who he is.
彼は誰ですか？	私は彼が誰だか知りません。

◆疑問詞＋一般動詞

疑問文	間接疑問文
What did he say?	⇒ I don't know what he said.
彼は何と言いましたか？	私は彼が何と言ったか知りません。

◆ if や whether「〜かどうか」　※ whether はふつう or 〜 や or not を伴う

疑問文　　　　間接疑問文　　　　　　　　間接疑問文
Did he win? ⇒ I don't know if he won.　/　I don't know whether he won or not.

Let's warm up! 55

次の文を口頭で英訳しましょう。音声を聞いて答えを確認しましょう。

1. 田中和基が昨夜ホームランを打ったかどうか知っていますか。(hit a home run)

2. イチローがインタビューで何と言ったか教えてください。(in the interview / please tell me)

3. どちらのピッチャーがオールスター戦で先発したのか知りません。(which pitcher / start the all-star game)

Unit 14

Let's try! 1

例文の ☐☐☐ の中の語句を入れかえて、口頭でいろいろな文を作ってみましょう。ペアを組んで問題を出し合いましょう。そして、相手の質問に答えてみましょう。

疑問文　田中和基が昨夜ホームランを打った かどうか知っていますか。

　　　　Do you know if Kazuki Tanaka hit a home run last night ?

命令文　イチローがインタビューで何と言った か教えてください。

　　　　Please tell me what Ichiro said in the interview .

否定文　どちらのピッチャーがオールスター戦で先発したの か知りません。

　　　　I don't know which pitcher started the all-star game .

Let's try! 2

例文の ☐☐☐ の中の語句を入れかえて、口頭でいろいろな比較の文を作ってみましょう。ペアを組んで問題を出し合いましょう。

肯定文　昨日の試合 で 田中 の方が 山本 より たくさんのヒットを打ちました 。

　　　　Tanaka made more hits than Yamamoto in yesterday's game .

【比較を表す言葉】

◎ 形容詞や副詞の**比較級**は「より〜な、より〜に」の意味を表します。

　　形容詞　many points [hits] ⇒ <u>more</u> points [hits]　よりたくさんの得点（ヒット）

　　　　　　　※ many と much の**比較級**は more、**最上級**は most

　　副詞　run fast ⇒ run <u>faster</u>　より速く走る

◎ **最上級**を使うと「もっとも〜な、もっとも〜に」という意味を表します。

　　形容詞　many points [hits] ⇒ <u>most</u> points [hits]　もっともたくさんの得点（ヒット）

　　副詞　run fast ⇒ run <u>fastest</u>　一番速く走る

84

◎ 比較級と最上級のつくりかた

- 1音節の語の大部分および2音節の語の一部　原級の語尾に -er、-est をつける

　　例）warm → warm<u>er</u> → warm<u>est</u>

　　　　※ hot → hot<u>ter</u> → hot<u>test</u>、pretty → prett<u>ier</u> → prett<u>iest</u> などのように、
　　　　　語尾の字を重ねたり、y を i に変える場合もある。

- 2音節の語の一部および3音節以上の語　more / most をつける

　　例）exciting → more exciting → most exciting

　　　　※ この場合の more や most はそれ自体では意味をもたない。

Let's try! 3 🎧 56

　次のセリフを暗記して、ペアで会話をしてみましょう。また、言葉を適当にアレンジして自由に会話を楽しみましょう！

A:　Do you know who made the most hits in the all-star game last night?

B:　No, I don't. Actually, I'm not interested in professional baseball.

A:　Why not? Baseball is one of the most interesting sports in the world.

B:　I don't think so. Tennis games are more interesting to watch.

会話の決まり文句 ⑬

So long!　さようなら。またね。

See you again!　また会いましょう。

✦✦ プラスワンポイント　if の2つの意味 ✦✦

if は「〜どうか」のほかに、「もし〜ならば」の意味を持ちます。

　例）If it <u>is</u> fine tomorrow, I'll go fishing.

　　　もし明日天気がよければ、魚釣りに行きます。

　　If it <u>were</u> fine today, I'd go fishing.

　　　もし今日天気がよければ、魚釣りに行くのだが。

If 節の中の**動詞**が**過去形**や**過去完了形**（**had ＋過去分詞**）であれば、**仮定法**となり、「実際の事実に反すること」や「実際に起こり得そうもないこと」を表すのに使います。

Unit 14

Writing Practice

（　　）の語や語句を参考にして、次の日本語の意味を表す英文を書きましょう。

1. 昨晩誰がホームランを打ったのか知りません。

....

2. 昨日のホークス対イーグルスの試合で誰が登板したのか教えてください。(the game between the Hawks and the Eagles)

....

3. 昨日の試合で柳田がいくつ盗塁したか知っていますか。(how many bases / steal)

....

4. 現役選手がいつ引退を決めるのかについて関心があります。(be interested in ~ / active players)

....

5. 栃ノ心がどこの出身か知っていますか。

....

6. 大谷はインタビューでいつメジャー入りを決めたのかを私たちに話してくれました。(join the major league)

....

7. 昨夜の取り組みで白鵬が勝ったかどうかを知りたいです。(match)

....

8. 錦織が昨年何試合勝ったか教えてください。

....

英訳のヒント⑭　主語を見きわめる（その２）

　英文を作る際にはまず主語と述語動詞を何にするのか決めましょう。1 の問題の場合、「私は」「知りません」を主語と述語動詞とします。日本語では主語が省略されていることが多いので気をつけましょう。

86

Listening Practice 57

音声を聞いて、（　）に入れるべき語または語句を（A）～（K）から選びましょう。そして、日本語に訳しましょう。

Sam: Caroline, do you ^{1}(　　　　　　) to go to the baseball game in Dallas this weekend?

Caroline: Hmm, I don't know. I don't really watch sports much.

Sam: This will be a great game. Jim Jenson will pitch. He's ^{2}(　　　　　) after this game.

Caroline: Is he ^{3}(　　　　　)?

Sam: You don't know him? He holds the national record for strikeouts. He almost broke the world record last year! A lot of teams only score 1 or 2 points ^{4}(　　　　) him.

Caroline: Hmm, he does sound good. Ok, I'll go with you. I hope he wins his last game!

Sam: Me too. The last time I saw him play, the game ^{5}(　　　　　) into extra innings.

Caroline: Wow, so this is a really good team! Maybe I will ^{6}(　　　　　) to like baseball after all!

(A) again　　(B) against　　(C) famous　　(D) ran　　(E) retire　　(F) retiring

(G) run　　(H) stare　　(I) start　　(J) want　　(K) won't

📖　意味を確認しよう

Dallas ＝ ダラス（アメリカ合衆国テキサス州北東部の市）

strikeout ＝ （　　　　　　　）（名詞）

a lot of ~ ＝ たくさんの~

does sound ⇒ sounds の強調形（75 ページの「意味を確認しよう」参照）

the last time ~ ＝ 最後に~したときに（the last time は接続詞の働き）

I saw him play ＝ 彼がプレーするのを見た（「see ＋人＋動詞の原形」で「（人が）~するのを見る」）

after all ＝ （　　　　　　　）（成句）

Unit 14　　87

Key Vocabulary 解答

Unit 1 🎧 2

1. (D) I'm excited.
2. (F) I'm restless.
3. (A) I'm bored.
4. (H) I'm disappointed.
5. (B) I'm nervous.
6. (I) I'm angry.
7. (G) I'm depressed.
8. (C) I'm worried.
9. (E) I'm surprised.
10. (J) I'm glad.

Unit 2 🎧 6

1. (C) mechanical pencil
2. (H) ballpoint pen
3. (D) stapler
4. (A) plastic bag
5. (F) rubber band
6. (I) scissors（複数扱い）
7. (B) glue
8. (G) eraser
9. (E) nail clipper
10. (J) commuter pass

Unit 3 🎧 10

1. (I) wash my face [hair]
2. (D) brush my teeth
3. (J) brush [comb] my hair
4. (G) get dressed [undressed]
5. (A) water the flowers
6. (B) eat breakfast [lunch / dinner]
7. (C) walk the dog
8. (E) take a bath
9. (F) watch TV
10. (H) surf the net

Unit 4 🎧 14

1. (C) attend a math class
2. (D) skip club activities
3. (F) chat with friends
4. (A) go to the bathroom
5. (I) work part-time
6. (H) study for an exam
7. (B) take an exam
8. (G) have volleyball practice
9. (J) go to school on a city bike
10. (E) eat lunch at the school cafeteria

Unit 5 🎧 18

1. (A) I stayed at an inn in Kyoto.
2. (E) I did some shopping.
3. (D) I got on a bus.
4. (H) I soaked in an open-air hot spring.
5. (J) I arrived in Kyoto.
6. (C) I sang *karaoke*.
7. (F) I visited historic sites.
8. (I) I joined a sightseeing tour.
9. (B) I booked a single room.
10. (G) I got a massage.

　※ 6. 英語以外の言葉は斜体字で書くのが原則

Unit 6 22

1. (H) cashier
2. (J) private tutor
3. (F) hotel room cleaner
4. (B) dish washer
5. (A) sales clerk
6. (E) pizza delivery driver
7. (G) clerk
8. (C) babysitter
9. (D) delivery truck driver
10. (I) server

Unit 7 26

1. (J) buy some stamps
2. (B) have my pants altered
3. (E) go to a clinic
4. (F) have my hair colored
5. (I) tidy up a room
6. (C) go to a laundromat
7. (A) get a haircut
8. (H) shop for dinner
9. (G) withdraw some money
10. (D) open an account

Unit 8 30

1. (E) Pacific saury
2. (J) horse mackerel
3. (H) mackerel
4. (G) eel
5. (I) squid
6. (B) fried rice
7. (A) fermented soybeans
8. (C) wheat [buckwheat] noodles
9. (F) grilled chicken
10. (D) deep-fried pork

Unit 9 34

1. (C) It's raining.
2. (D) It's snowing.
3. (E) It's hailing.
4. (I) The wind is getting stronger.
5. (A) The sun is shining.
6. (F) It's thundering.
7. (J) It's muggy.
8. (G) It's getting cool.
9. (B) A typhoon is approaching.
10. (H) The water level is rising.

Unit 10 38

1. (G) get a qualification
2. (F) apply for a job
3. (C) have an interview
4. (B) look for a job
5. (E) become a white-collar worker
6. (J) become a civil servant
7. (A) study abroad
8. (D) get married
9. (H) start a business
10. (I) temp

Key Vocabulary 解答　89

Unit 11 42

1. (D) make a business trip
2. (B) make an appointment
3. (G) attend the meeting
4. (F) make 10 copies of this document
5. (C) work overtime
6. (H) make one's quota
7. (A) place an order
8. (J) make courtesy visits
9. (I) prepare materials
10. (E) check emails on the PC

Unit 12 46

1. (A) arrest
2. (C) blackmail
3. (D) get a speeding ticket
4. (G) theft
5. (I) hit
6. (F) abuse
7. (J) shoplift
8. (H) sue
9. (E) criminal
10. (B) suspect for the murder

Unit 13 50

1. (B) win an Academy Award
2. (D) play the lead
3. (G) play together
4. (A) play the part of a lord
5. (E) shoot the scene on location
6. (F) be showing
7. (I) audience ratings
8. (C) broadcast the show live
9. (J) rerun
10. (H) record

Unit 14 54

1. (G) win a game
2. (H) lose
3. (I) defeat the opponent
4. (J) end in a tie
5. (B) score 20 points
6. (D) break a world record
7. (F) hold a national record
8. (C) take the mound
9. (E) run into extra innings
10. (A) retire

不規則動詞の活用　一覧表

原形（意味）	過去形	過去分詞形
be [am, are, is]（〜である）	was / were	been
become （〜になる）	became	become
begin（始める）	began	begun
bring（持ってくる）	brought	brought
buy（買う）	bought	bought
catch（つかまえる）	caught	caught
come（来る）	came	come
cut（切る）	cut	cut
do [does]（する）	did	done
draw（描く、引く）	drew	drawn
drink（飲む）	drank	drunk
drive（運転する）	drove	driven
eat（食べる）	ate	eaten
fall（落ちる、倒れる）	fell	fallen
feel（感じる）	felt	felt
fight（戦う）	fought	fought
find（見つける）	found	found
fly（飛ぶ）	flew	flown
forget（忘れる）	forgot	forgotten（forgot）
get（得る、〜になる、移動する）	got	gotten (got)
give（与える）	gave	given
go（行く）	went	gone
grow（育つ、育てる、〜になる）	grew	grown
have [has]（持っている）	had	had

原形（意味）	過去形	過去分詞形
hear（聞こえる）	heard	heard
hit（打つ、（車で)ひく）	hit	hit
hold（手に持つ、開催する）	held	held
hurt（傷つける、痛む）	hurt	hurt
keep（保つ、〜し続ける）	kept	kept
know（知っている）	knew	known
leave（去る、残す）	left	left
lend（貸す）	lent	lent
lie（横になる）	lay	lain
lose（失う、負ける）	lost	lost
make（作る、〜になる、〜させる）	made	made
meet（会う）	met	met
oversleep（寝坊する）	overslept	overslept
pay（支払う）	paid	paid
put（置く）	put	put
read（読む）	read [réd]	read [réd]
ride（乗る）	rode	ridden
rise（上がる、昇る）	rose	risen
run（走る）	ran	run
say（言う）	said	said
see（見える、会う）	saw	seen
sell（売る）	sold	sold
send（送る）	sent	sent
set（据える）	set	set
shoot（撃つ、急上昇する、撮影する）	shot	shot
show（見せる、上映される）	showed	shown（showed）

原形（意味）	過去形	過去分詞形
sing（歌う）	sang	sung
sit（座る）	sat	sat
sleep（眠る）	slept	slept
speak（話す）	spoke	spoken
spend（(金・時間を) 使う）	spent	spent
spread（広げる、広がる）	spread	spread
stand（立っている）	stood	stood
swim（泳ぐ）	swam	swum
take（取る、選ぶ、必要とする）	took	taken
teach（教える）	taught	taught
tell（言う、話す）	told	told
think（思う、考える）	thought	thought
throw（投げる）	threw	thrown
understand（理解する）	understood	understood
wear（身に着けている）	wore	worn
write（書く）	wrote	written

即問即答でサクサク覚える必修基礎英語
Easy English Learning Through Pattern Practice　［検印廃止］

2019年2月1日 初版発行	2020年3月26日 第3刷発行

編 著 者	高　本　孝　子
	納　冨　未　世
	Ｆ ｒ ａ ｎ ｋ　Ｂ ａ ｉ ｌ ｅ ｙ
	田　宮　晴　彦
発 行 者	丸　小　雅　臣
組 版 所	ア ト リ エ 大 角
印刷・製本	シナノパブリッシングプレス

162-0065　東京都新宿区住吉町 8 - 9
発行所　**開文社出版株式会社**

TEL 03-3358-6288　　FAX 03-3358-6287
www.kaibunsha.co.jp

ISBN978-4-87571-163-6　C1382